美しく生きる人は毎日生まれ変わる

自分で自分を修復する48の簡単な方法

横田真由子

大和書房

はじめに　〜回復力をつけて、未来を変える〜

生きていると、毎日いろんなことがあります。

この本を手にとってくださったあなたも、毎日、心が揺れたり、戸惑ったり、ふと将来のことが不安になったり――。そういった心の波を感じながら過ごしているのではないでしょうか。私も同じです。

この本には、そんな自分をねぎらったり、手をかけてあげたり、思いやりを持って接してほしいという思いを込めました。

私はグッチで店長として、有名人やＶＩＰのお客様の接客をしてきましたが、素敵な人ほど自分に手をかけ、慈しみ、自分を大切にしていると感じていました。

自分を愛し、大切にしているからこそ、私たち販売員に対しても思いやりに溢れ、包み込んでくれる余裕があったのです。

そんなお客様たちに憧れ、上質で豊かな人生を歩きたいと模索するうちに、キャリアカウンセラーという職業に興味を持ち、転職しました。

人生の後半戦に差しかかっていた私は、大人になっても自分にＯＫが出せずにいたのです。そんなとき、同じように悩む多くの女性たちとお会いしました。

皆、自分よりも相手の気持ちを優先する人たちでした。そしてついつい、自分のことを、いつも後回しにしていました。「私が頑張らなくちゃ」と、鶴の恩返しのように見えないところで自分の羽を抜いて、機を織り続けているように見えました。

そういった女性たちには、

「もう羽はないよ、十分だよ」

「もっと自分を大切にしてね」

というメッセージを送り続けたいと思っています。知らず知らずのうちに、自分を粗末にしてほしくないのです。

確かに、忙しい毎日の中で自分のことは、どうしても後回しになりがちです。

けれど、自分へのメンテナンスを怠ってしまうと、前を向く力が湧いてきません。

まるで、曇った鏡で自分を見ているように、自分の良さや美しさが見つけられず、気づけば心の晴れない毎日を送っている、ということはないでしょうか？

「お疲れさま」と、自分を整える日常のメンテナンスは、自己肯定の魔法です。私は、ちょっとしたひと手間をかけるだけで、自分のことが今よりもっと好きになれると感じています。メンテナンス次第で回復力がつきますし、未来が変わります。未来を変えたいなと思ったときは、いきなり壮大なことに取りかかろうとするのではなく、自分の体と心のメンテナンスをいつもより少し丁寧にするだけでいいのです。

まずは、自分の羽を抜くのではなく、自分の心の水を満たすことから始めてみましょう。そうすれば、溢れ出した水で他者を満たすことだってできます。心の水がいっぱいだと、自分自身がご機嫌でハッピーなだけでなく、その空気を受ける周りの人の心も、潤います。

ご機嫌な人には、運も、愛も、人も集まってきます。

どことなく調子が出ない、このところ気分がすぐれない。そういった感覚がある方は、本当の自分の気持ちに気づき、我慢しすぎないでください。

この本には、いつも頑張っているあなたがリセットできるように、そして自分のことがもっと好きになれるようにという思いを詰め込みました。Chapter1からChapter7に向かって読み進めていただくことで、自然と気持ちが上向きになってもらえるような流れを意識しました。自分を癒す術を見つけ、ゼロになる時間を持ち、ときにはやるべきことをいったん置いて立ち止まり、自分の気持ちを認め、心に栄養を満たし、また日々の中に元気に戻っていけるように整えていく。流れていく毎日のなかで、少し疲れたときや自分のことが好きになれないときに、いつでも、この本を開いてもらえたら嬉しいです。

いつも頑張っているあなただからこそ、たまにはちょっとひと休みして、自分をねぎらってあげませんか？　あなたなりの疲れた日の羽ののばしかた、修復のしかたを見つけてくださいね。

Contents

Chapter 2 五感を満たす

Chapter 3 ゼロになる

Chapter 4 自分軸を取り戻す

Chapter 5 今を喜ぶ

Chapter 6 心の栄養をとる

Chapter 7 人生を育てる

心を見つめる

心に
スペースはある？

期待をしすぎない

なんだか疲れた、泣きたい、モヤモヤする、イライラする、もうやめたい。そんなふうに思うときって、誰にでもありますよね。

こんなときの心の状態に共通していることは、スペースがないことではないでしょうか。ネガティブな感情で、心の箱の中がいっぱいいっぱいになっている状況です。

ワイングラスに目いっぱい、ワインが注がれているようなものです。その状態ではワインの香りを楽しむこともできませんし、ゆったりとグラスを揺らしながら1杯を楽しむこともままなりません。

「なぜ疲れたと思う？」

「なぜ泣きたいのかな？」

「どうしてモヤモヤするんだろう？」

「何にイライラするの？」

「なぜやめたいと思ったの？」

そんなふうに自分に聞いてみて、思いつくままに書き出してみてください。この作業が、思いでいっぱいになっている状態をリセットして、心に余白をつくってくれるはずです。


書いてみると気づくのですが、**原因は他者の言動であることが多い**のです。例えば、「相手が私の気持ちをわかってくれないから」という原因は相手の範疇のもので、自分でコントロールすることができません。だから苦しいしストレスになるのです。「○○してくれない」と感じるのは相手に対する期待値の高さです。期待値が高いと、その期待を超えてくれない相手に対して不満を持ってしまうのです。

ですが、この期待値は、こちらの決めたバーの高さであって、相手からはそのバーは見えていません。期待に応えてくれないと思うときは、「勝手に、とても高いバーを設定しているんだな」と思った方がいいのです。

誰もがオリンピック選手並みの脚力を持っていないということを受け入れていきましょう。誰も、完璧ではありませんし、「私だって完璧ではないからお互いさま」と思うことで、少し、心にスペースができるのではないでしょうか。

スペースができれば、そこは新しい空間に生まれ変わるはずです。

新しくできたスペースにあなたらしい何かをプラスすれば、自分らしい心地よい空間がつくれるはずです。

Your Case

あなたの場合

疲れた日は自分を褒める

身だしなみにも目を向けて

疲労は知らず知らずのうちに、体にも心にも澱のように溜まっていきます。あなたが、「疲れてるな」と感じるサインはありますか？

□外に出ることが億劫に感じる
□化粧をしたり洋服を選んだりすることが面倒
□暴飲暴食をしてしまう
□集中できない
□ミスを繰り返す

こういった疲れの赤信号が点滅したら、まずは自分へ思いやりの言葉をかけてあげてください。「よくやってるよ」「頑張ったね」と、自分を褒めてあげるのです。「疲れた」ということは、「よくやっている」ということです。

大人になってからは、「やって当たり前」「できて当然」と、まわりの人から褒められることもあまりないのですから、自分で自分を褒めてあげましょう。そして、疲れたときは、自分を思いっきり甘やかしましょう。自分がご機嫌になることをしましょう。

歳を重ねてからは特に、「疲れないこと」が大切だと思うようになりました。

私は地下鉄の窓に映った自分の疲れた顔を見てビックリすることがあります。目の下にクマができていて、ほうれい線もくっきり、フェイスラインは下がり、5歳は老けて見えます。そんなときこそ、まずは自分の身だしなみや外見を整えることから始めるようにしています。女性は、外見が変わると気持ちも自然と変わっていくからです。改めてチェックしてみると、髪は傷み、肌も爪も乾燥していたりしませんか？肩が重くて頭皮も硬いまま。これでは疲れがとれないだけでなく、運も逃がしてしまいます。

まずは身だしなみを整えて、きれいな自分を復活させましょう。

鏡を見て、「よし、いける」と声をかけてあげることから始めましょう。

Your Case
あなたの場合

泣きたければ泣けばいい

ときには心のお掃除を

あなたは、泣けない女性でしょうか？　私はそうです。泣けない女性というのは、長女気質なのかもしれません。「しっかりしなくちゃ」という仮面を脱ぐことができずに苦しんでいることが多いのです。こんな気持ちになることはありませんか？

□要領のいい人が羨ましいと感じる
□与えるばかりで何も受け取っていないと思う
□人に頼ったり相談したりするのは苦手で、自分で解決しようとする
□そもそもどう甘えていいのかわからない

チェックがたくさんついた、そんな頑張り屋さん

のあなたには、どうか「そんなに頑張らなくてもいいよ」と言ってあげてくださいね。すべてを完璧にできなくてもいいし、ミスをしてもいいのです。ミスをするということは隙を見せるということ。隙があるから、愛されるのです。私は子どもの頃から、泣くことが不得意でした。先に言った長女気質かもしれませんが、自分がどんなに泣きたくても妹が泣いてしまうと、「私が、しっかりしなくちゃ」というスイッチが入って、涙線が固まっていました。これは大人になってからも同じでした。

目の前で泣き出す女友達や後輩を前にして、「本当はこっちが泣きたいんだけどな……」「私だって、一緒に泣きたい」と、何度思ったことでしょう。まるで「椅子取りゲーム」のようです。先に椅子に座られてしまったが最後、立ち尽くすしかありません。

人混みの中、ふいに、泣きたくなって困ったことも何度もあります。特に、何があった訳ではないのですが、きっと心の奥で泣きたかったけれど泣けなかったたくさんの経験が不意に出てきた瞬間なのでしょう。涙がこぼれてきて、「あぁ、私は本当は傷ついていたんだ」と気づきます。知らず知らずのうちに、心はショックを受けたり、悲しんでいたり、寂しく思ったりしていたのです。感受性の強い人ほど、傷つきやすく、傷つきやすい自分が嫌だから、強い自分になりたいと、泣くのを我慢して立ち上がろうとするように思います。

昔、『ダイアモンドは傷つかない』というタイトルの小説がありました。ダイアモンドは他のどの石よりも硬くて傷つきにくい石。削られれば削られるほど、美しく輝きます。多感だった20代の頃、心が傷ついたときには、「また、これで輝けるから」と、自分自身に言い聞かせていました。また、「私が、こんな小さなことで傷ついていると思わせたら相手に申し訳ない」という思いもありました。「面倒な女になりたくない」というのが私を支えている自尊心でした。

ですが、今になって思えば「面倒」と「可愛い」はきっと紙一重なんですね。泣かない私は「可愛くない女」だったと思います。言いたいことも言えず、泣きたいときにも泣けず、「私さえ我慢すれば」と思っていたのですが、感情に蓋をして素直な気持ちを伝えられなければ、孤独になっていきます。本当は泣きたいのに意地をはって冷静でいることで、大切な人が離れていくことだってあるかもしれません。

悔し涙はひとりのときに流すものだと思いますが、悲しいとき、寂しいとき、傷ついたとき。大切な人の前では、泣いていいのだと思います。大切な人の前では「ありのままのあなた」でいることが大事だからです。

泣くことが苦手な人は、定期的に心を大掃除するように、そして泣く練習をするかのように、泣ける映画やドラマを観るのもいいかもしれません。映画館でならどれだけ泣いても、大丈夫なはずです。ひとりで心ゆくまで大泣きすれば、映画館から出るときは、どれだけすっきりしているでしょうか。

泣くことは心のお掃除です。傷ついた心は涙で洗い流しましょう。

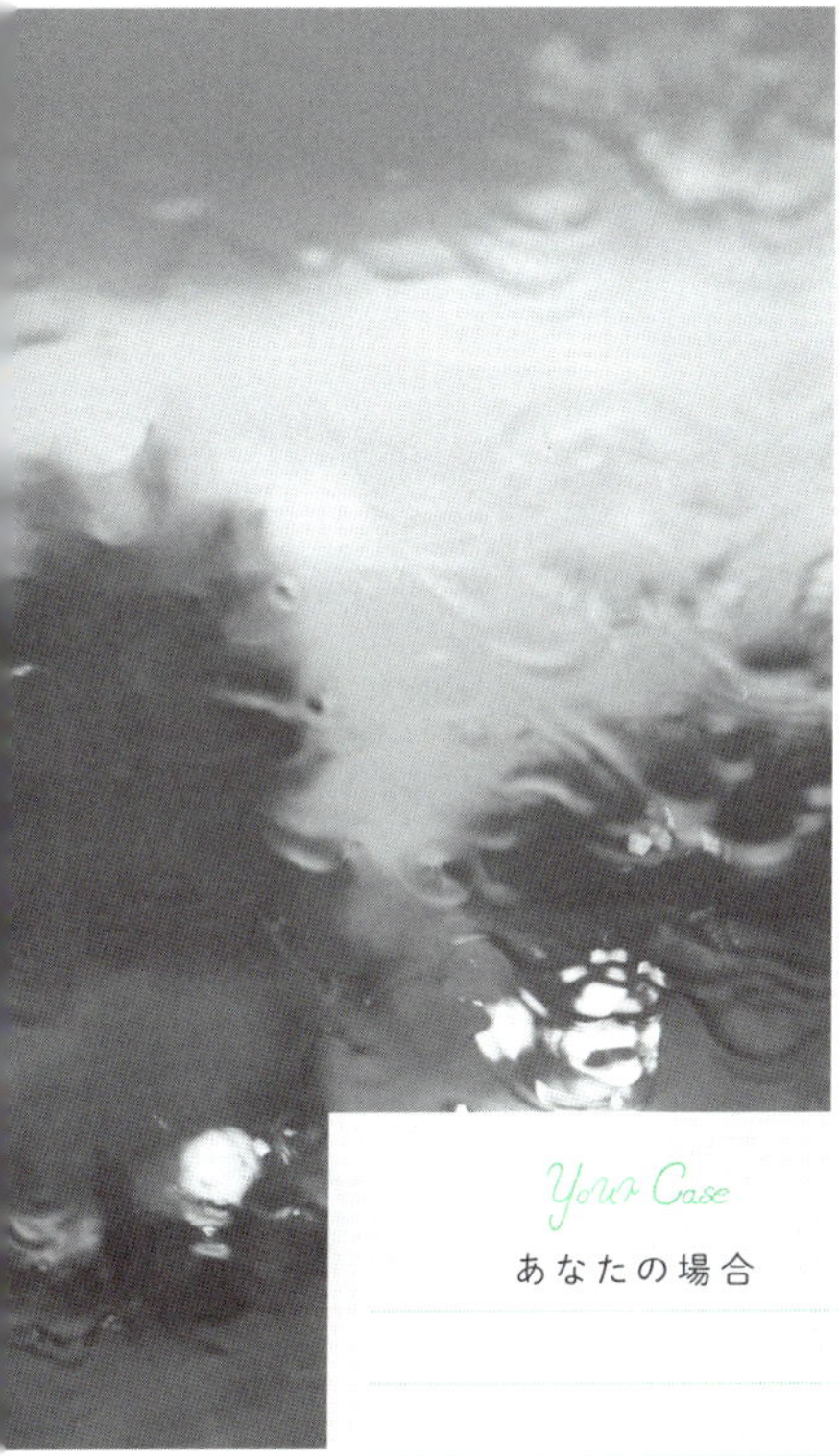

Your Case

あなたの場合

モヤモヤ期はいつか終わる

踊り場の時間を味わって

あなたは、こんなときにモヤモヤしませんか？

□SNSを見ているとき
□自分らしくないことをしているとき

モヤモヤは、厚い雲がかかった空のように、どうもスッキリせず、何だか憂鬱な気分です。モヤモヤする原因は、心が見たくないものに雲をかけて隠そうとしているから。友人のSNSを見た後、何だかモヤモヤするという人は大勢います。これはきっと、不安や嫉妬、焦りなど、嫌な自分の感情を認めたくなくてモヤモヤするのではないでしょうか。ですが、そんな嫌な自分もOKなのです。不安や嫉妬、焦りを感じるからこそ、頑張れるのですから。こんな話を聞いたことがあります。空輸で運ばれた水槽の魚がぐったりしてしまったとき、ピラニアを入れると息を吹き返したように泳ぎ回るのだそうです。ライバルの存在や気の合わない人。そんな人がいるからこそ、頑張れることもあります。

また、なんとなく今の仕事や生活に満足していない自分に気づき、モヤモヤするという話もよく聞きます。「何かを変えたいけれど、どうしていいのかわからない」というときです。「あなたは、モヤモヤしたとき、どうしていますか？」と、キャリアカウンセリングで出会った女性に聞いてみると、「ジャムを煮る」「刺繍をする」という人や、「とにかくお風呂に入る」という人もいました。「頭を空っぽにする作業」は、確かに効果的なのかもしれません。いったん、心を空にし、モヤモヤを投げて、まったく違うことに集中するのです。そうすると、モヤモヤが、ゆらゆらに変わっていきます。急いでなんとかしようとせず、まずは「ゆらゆらしている状態」でいいのではないでしょうか。結論は、時期が来れば自然と出ますから、無理に急いでカーブを曲がる必要はありません。

ゆらゆらと各駅停車の電車に身を任せているような気分を味わってみてください。

その電車は、緩やかに徐々にカーブを曲がったり、駅に止まったりしながらも、少しずつ進んでいきます。目指す北極星はどちらにあるのか、その方向さえ見失わなければいいのです。

きっと、モヤモヤするというのは、チャンスが来ているときなのだと私は思います。「このままでは嫌だな、なんとかしたい」「変わりたい」「成長したい」と思い始めている合図です。上ってきた階段の踊り場のようなところに来ているということです。そして、どんなモヤモヤにも「しかるべきとき」というのがあるのだと思います。その人にとって、一番いいタイミングというのがあって、そのタイミングになれば自然と一番いい形で解決していくはずです。私自身も、以前はモヤモヤすると、いつもすごく焦っていたように思います。けれど振り返ってみれば焦っても結局同じでした。どんなモヤモヤも、なるようにしかなりませんでしたし、気づけば自分らしい所へ、時期が来ればちゃんと着地していきました。

自分らしい場所へ着地するためには、準備が必要です。次に進むために、踊り場でそのタイミングを待つ必要があるのです。ですから、ここは焦らないで、ジャムを煮たり、刺繍をしたり、お風呂に入ったりして、過ごしましょう。のほほんと、一番ご機嫌になれることをして過ごしましょう。その時間が、なんだか長いなと思っても、それはそれであなたにとって必要な時間なのです。長い人生から見れば、一瞬の時間です。きっと人生には、「モヤモヤ期」と「イケイケ期」が順番にめぐってくるのだと思います。イケイケ期に備えて、よく食べ、よく寝て、元気に遊んで、体力も気力も温存しておきましょう。しかるべきときが来れば、また元気になり、そしてきっと忙しくなりますから、それまでのバケーション期間だと思ってゆらゆらと過ごしていれば、自然とモヤモヤ期は終わっていくはずです。

Your Case

あなたの場合

イライラと付き合う

コントロールできないことを、手放す

人がイライラするときは、大きく分けると、この2つだと言われています。

□予定が突然変わったとき
□他者が思い通りにならないとき

例えば、「出かけようと思った途端、大雨が降ってきた」「急いでいるのに、電車が全く来ない」など、自分でコントロールできないことに対して人はイライラします。深呼吸の後、冷静になって、「これは自分でコントロールできることか？　できないことか？」と考えてみてください。自分でコントロールできないことなのであれば、そのイライラは

手放し、「自分でコントロールできること」だけを考えてみてください。

「大雨だから、お気に入りの傘をさして出かけよう」

「電車は諦めて、タクシーの中でゆったり仕事をしよう」

など、自分でできる、より快適になれる選択をしてみてください。


私の友人は、いつも遅刻して来る友人にイライラしていたのですが、あるとき、待ち合わせ場所を本屋か花屋にすることにしたそうです。

彼女は本と花が大好きなので、待っている時間が苦痛にならないようにしました。

いつも遅刻をしてしまう相手を変えることはできませんから、自分のイライラをコントロールする方法を考えたのです。こんなふうに、イライラをコントロールするには、自分の範疇でできることを考えましょう。

また、深呼吸をすることも有効です。イライラするときは、まず3回、大きく深呼吸をしてみてください。呼吸が速くなっているので、まずはフゥーッと大きく息を吐いて心を静めます。イライラした感情に任せて、焦って行動して後悔しないよう、次の失敗を呼び込まないようにするためには、深呼吸が効きます。ゆっくり行ってみてください。

ストレスの根源は怒りが原因であることが多いと言われています。

歳を重ねてからは特に、女性が怒ると怖いと言われてしまうので、怒らないように、感情的にならないようにと思ってはいますが、なかなか難しい課題です。

「感情がついつい顔に出てしまうということはあるけれど、感情的になってはいけない」と言われたこともあります。ある友人は、「感情的な人と接すると、人格否定をされるような気がするから怖い」と言っていました。感情的になることで、他者との距離ができてしまうのは、もったいないこと。気をつけなければと思います。

私も瞬間的にイライラを感じた時には、少し時間を置くようにしています。

例えば、イライラしたメールの文面に、即、返事はせず、しばらく寝かせておきましょう。メールで感情的なやりとりをしてしまうと、結局後悔します。

深呼吸をして、心が落ち着くまで、寝かせておきましょう。

Your Case
あなたの場合

やめたいときの対処法

小さくても行動してみる

「もうやめたいな」と思うことってありますよね。「仕事を辞めたい」「人間関係を終わらせたい」などと思うときには、いろんな理由があります。

□頑張っているのに、報われないから
（どんな状態なら報われていると思う？）
□100％でないと意味がないから
（なぜ90％だとダメ？）
□やめてしまったら次がないと思うから
（ないと決めつけている理由は？）

カッコの中の質問の答えを書き出すだけで、突破口が見えてきます。「やめたい」と思う心と向き合ってみてくださいね。必ず、自分の中に答えがあります。

迷っているときは、やめない方が賢明だと思っています。

車の運転に例えると、無理にコーナーを曲がるようなものです。負荷がかかります
し、ガードレールにぶつかってしまう恐れもあります。

この交差点で曲がらなくても、次の交差点ならスムーズにギアチェンジができて、
思い通りに方向を変えることができるかもしれません。

私は、仕事を辞めたくなったとき、休日に他社の面接を受けてみたことがありま
す。そうすると、色々と見えてくるのです。今の会社のいいところ、自分のスキルの
無さなどに気づき、やっぱり今の会社でもっと経験を積もうと感じました。

行動してみると、必ずフィードバックがあります。

書くことで頭を整理したり、実際に行動してみると気づきがあります。

頭ではなく腹に落ちた感覚が持てたとき、その選択に自信が持てるのです。

会社での業務や家事など、いきなり全部を止めることができないときは、「プレ期
間」「お試し期間」を設けてみるといいかもしれません。

思い切って一定の期間だけ、一旦やめてみる、手放してみるという選択もありです。アウトソーシングしてもＯＫです。その際、周りの人には前もって相談して承認を得る必要がありますが、まずは３週間、あるいは３ヶ月と、期間を決めてやめてみると、その間にやめても大丈夫という確信が持てたり、あるいは、「やっぱり必要」と感じたりします。プレ期間を設けることで、また新たな坂を登っていくエネルギーを持てることもあるのではないでしょうか。

Your Case

あなたの場合

五感を満たす

夜に体を解きほぐす

巡りをよくするために

夜の時間は、日中の仕事から解放され、張りつめていたオンモードからオフモードへと切り替わる時間です。体も心も、すべてをオフにして、好きなこと、好きな人、好きなものだけに囲まれて過ごしたいですね。

仕事中は、いろんな人に気を使い、疲労も溜まっているはずです。

できることなら、気が進まないお誘いや、義務で参加する飲み会は、3回に2回は断ってしまっていいのではないでしょうか。無理をして行っても、どっと疲れが増すだけです。「相手は、ダメ元で誘っているんだ」と思ってしまえば、断りやすくなるかもしれません。

ひとりになったら、疲れた心を整えていきましょう。

頑張った自分を解放してあげましょう。

私は、頑張った日のご褒美に、とっておきのコットンでパッティングをして肌を労《いたわ》るということをしています。それは、シャネルのコットンですが、なんと一箱1080円なのです。もちろんコットンにしてはお高いですが、この極上コットンでパッティングするだけで気持ちが上がります。化粧水はコンビニやプチプラのものでも、十分ゴージャスな気分になれます。

緊張で固まったものを解きほぐして、体も心も循環がよくなると、気も血も水も正常に流れ始めます。大人の体こそ、凝っていないこと、循環していることが大切だと私は思っています。

この循環を感じられるようになると、今日の出来事に小さな幸せを見つけることができます。幸せとは、ドッカーンと非日常的に降りてくるものではなく、日常の中できらっと光っているものだということに気づくのです。それは、砂浜で桜貝を見つけるような小さなラッキーです。

大きな波というのは時々しかやってきませんから、日常の幸せは静かな海辺で、無心になって見つけ、拾い上げ、愛でていくようなものではないでしょうか。

日が落ちて暗くなってから、そしてひとりになってから、見える景色というのもありますね。暗くなり始めた街中の景色は、昼間は見えなかった優しい光を放っているような気がします。灯台の光や星のまたたきを改めて眺め、穏やかな心で、「あれはあれで、よかったね」「今日は、ここまででよしとしよう」と、肯定しながら過ごしましょう。

帰宅後、爪を整え、髪を洗い、ブローしていると、「知らず知らずに爪も髪も随分伸びているな」と気づきます。このとき、何だか勇気をもらいます。疲れていても、凹んでいても、「私の体は今日も生きている、生きようとしている生命体である」と感じられるからです。

夜の時間は、自分の心と体と向き合って過ごしていると、感謝の気持ちが湧いてくるのです。

Your Case
あなたの場合

自分だけの香りを持つ

一瞬で疲れがとれる

すれ違ったときに、ふといい香りがする女性に出会うと、思わず振り返ってしまいます。

香りが記憶に残る女性は、間違いなく素敵な人です。忘れられない人になります。

どんなシーンでも、香りをうまく纏《まと》っている女性にずっと憧れていました。洋服のセンスやインテリアのセンス以上に、香りのセンスがいい人は、女性としてどこかワンランク上に見えるのです。

毎日の暮らしの中で、「香りと共存するようにいられたらいいな」と思っていた頃に出会ったのが、世界最古の薬局と言われている「サンタ・マリア・ノヴェッラ」です。フィレンツェの丘に今日も咲き続けている草花から作られるそのブランド名を冠したポプリは、修道僧たちの独創的なレシピでつくられています。

この香りに出会ったときに私は「これだ」と思いました。

湿った森にいるようなこの香りは、3世紀にわたって同じレシピでつくられていて、魂が原始に返るような気分になります。植物の実や葉や花びらが熟成され、発酵したようなこのポプリは、長い歴史を感じる豊かな伝統の香りで、高貴な気持ちになるのです。この香りに包まれると、人も自然の一部なのだと感じることができて癒されます。

長く愛されるものには、必ず理由があります。

この香りは、人間の根源に働きかけてくるような懐かしさがあるのです。

私にとっては、家の匂いであり、オフのスイッチが入る香りです。

ポプリは玄関にも置いてあるので、帰ったときにふっと香る匂いが「おかえり」「お疲れさま」と言ってくれているような気分になります。香りは脳にダイレクトに働き、スイッチをオフにしてくれるのでしょう。一日の疲れが消える瞬間です。

このポプリをラップに包んで、いくつか小さな穴をあけ、シルクの袋に入れて、クローゼットや衣装ケースにも入れていますので、洋服に袖を通すときに、ふっと香ります。また、枕の下に置けば、深い森の中で眠っているように癒されます。

あなたにも、香りから記憶を呼び覚まされた経験があるのではないでしょうか。

ふと香った花や香水、街や場所や料理など、それぞれの香りをふっと嗅いだだけで、人は懐かしい人を思い出したり、忘れていたあの頃の気持ちまで、一瞬で蘇らせてくれます。だからこそ、生活の中で香りを楽しむことは、本能に忠実に、直感を大切にしながら生きていくことを助けてくれるような気がします。

あなただけの特別な香りをぜひ見つけてみてください。

Your Case
あなたの場合

心に効く チョコレート

日常が特別な時間になる

疲れたときには、チョコレートが食べたくなりませんか？　ただ好きなだけだと言われそうですが、実はチョコレートには、安眠効果、脳の活性化、ストレス解消、リラックス効果があると言われています。日頃は甘いものは我慢して……という方も多いと思いますが、だからこそ別腹というだけでなく、たまに口に入れるチョコレートはとっておきのご褒美のような気がしてテンションが上がるのではないでしょうか。

今では、ヨーロッパの高級チョコレートがたくさん日本に入ってきていて、ブティックのようなチョコレート専門店が次々と百貨店に出店しているので、よりどりみどりです。私が初めて外国の高級チョコレートに出会ったのは、1990年代前半でした。ベルギーのお土産にといただいたチョコレートは、エルメスのような美しい箱に入っていて、華やかさと優雅さを纏っていました。それまで板チョコやコンビニのチョコレートくらいしか知らなかった私は、開けるときにドキドキしたことを覚えています。

宝石のように並んだチョコレートは、カカオの風味が口いっぱいに広がり、衝撃的な美味しさでした。たったひとくちで虜になったのをよく覚えています。それが、今や日本でも有名な「ピエール・マルコリーニ」のチョコレートでした。食べてしまうのがもったいなくて、ひとつひとつを大事に、週末の午後にいただいていました。お気に入りの紅茶を素敵なカップに入れて、一緒に味わうひとときは、なんとも贅沢な気分になれました。

また、人恋しさを感じる秋冬は、自分のためだけに特別に買ったチョコレートが心を温めてくれました。バレンタインデーの時期ともなると、それぞれのショコラティエが腕によりをかけた、宝石のようなチョコレートが百貨店に並びます。

日本未発売のものや限定品などは、自分用の楽しみにと思わず買ってしまう人も多いのではないでしょうか。「ラ・メゾン・デュ・ショコラ」や「ジャン＝ポール・エヴァン」は、パッケージも美しいので、開ける前から気分が上がります。

美しいチョコレートを味わうとき、チョコレートはヨーロッパでは単なるおやつではなく、職人の技術が一粒に込められた文化なんだと思います。

だからこそ、たった一粒、口に含むだけで、心にも効くのだと感じます。こういった気分を変えてくれるスイーツというのは、家に置いておくと重宝します。

あなたの心に効くスイーツは、ありますか？

Your Case

あなたの場合

バスタイムに「特別」を

「楽しみな時間」に変えること

「バスタイムをもっと充実させると、癒されるだろうな」と思いつつ、「シャワーだけで済ませてしまう」「帰宅時間が遅くて、なかなかゆっくりできない」という方も多いのではないでしょうか？

アロマキャンドルで香りを楽しんだり、美容ローラーや炭酸水を使ったりと、癒されるだけでなく、美容のための時間として、いろんな工夫をされている方もたくさんいらっしゃいますが、ハードルが高いと感じたり、なかなか続かなかったりという声も聞かれます。

しかし、何かひとつでも、簡単なことから続けてみたいなと思ったのは、ある女性のバスタイムのこだわりを伺ってからです。

その方は、お会いすると、いつもプルメリアの花のような香りがするので、香水の種類を聞いてみたところ、香水ではなく、バスボムの香りだとおっしゃるのです。

そのバスボムはイギリス製のもので、日本にもいくつか店舗があります。

その香りがとても気に入った彼女は、まとめ買いをして毎日1個、必ず湯船に入れて楽しんでいるうちに、その匂いが自分の香りになったということです。

1個500円のバスボムを毎日入れるとなると、躊躇する方もいらっしゃると思いますが、「ランチやカフェ代を節約しても続けたい習慣なの」と、その女性は笑顔でおっしゃいました。

バスボムと思うと高いという気がしますが、1日500円のこの投資のおかげで、香水も柔軟剤も全く使わずにすみ、会う人に必ず、「いい香りですね」と褒められるので、コスパはいいのだということでした。

もちろん、価値観は、人それぞれです。

バスボムではなく、シャンプーやコンディショナーの質にこだわって髪質を改善したいという人もいるでしょう。ボディクリームやアロマオイルを特別なものにして贅沢感を味わいたいという人もいるかもしれません。何でもいいのです。何かひとつだけでも、バスタイムやその前後の時間を楽しむために、自分にとって心地いいことを無理なく始めていくのもいいかもしれません。

私自身は、ちょっと気分の上がるバスローブを着ることで、首や足のお手入れがおっくうでなくなりました。お風呂上がりにバスローブを着ることはどこか特別感がありますし、パジャマを着てしまうと、デコルテやふくらはぎなどをマッサージすることができません。ですが、バスローブを着ていれば、TVを観ながら、音楽を聴きながら、ストレスなく、ながらのお手入れができます。お風呂上がりのお手入れが面倒だなと思っていらっしゃる方には、ぜひともおすすめしたいです。

バスタイムも含めて、メンテナンスの時間を楽しめると、未来が楽しみになります。早く寝たいなと思う日もありますが、習慣化してしまうと、「やらないと落ち着かない」という気分になるから不思議です。一日の終わりのバスタイムを「女性ならではの楽しみ」に変えることで、女性の人生は変わってくるのではないでしょうか。

Your Case

あなたの場合

ボディケアをプロに委ねる

顔より、体に目を向けて

私は、季節の変わり目には、体が絶不調に陥ることがあります。

桜の咲く季節は浮かれた雰囲気から取り残され、何となく不安定になりがちですし、梅雨の時期は低気圧が肩にずっしり乗っかっているように、体も心も重くて動けなかったりもします。また、秋口には気温の低下と重くなる空気に影響されてか、考えすぎて妙に疲れていたりします。

その不調を自分で何とかしようと頑張ってしまいがちですが、ちゃんとプロの手を借りて、甘えて、身を委ねることも大事なのだと、近年は実感しています。

それは例えば、鍼や整体のプロに頼って、しっかりケアをしてもらうというようなことです。近頃のお気に入りは、美容鍼です。肩から首、頭皮のあたりが硬くなると、思考も硬くなるのを感じていたので、定期的に鍼の力で柔らかくしてもらっています。

考えが柔軟になるだけでなく、顔全体もきゅっと上がるので、気分も上がります。「手当て」という言葉がありますが、人の手で丁寧に施しを受けることで、その人のパワーをもらえる気がするのです。

直接、肌に触れてもらうエステティシャンや鍼灸師の方には相性がありますので、お互いの温度感が似ていて、技術とホスピタリティの両方を兼ね備えた方がやはり理想的です。私は、初めてのお店に伺うときは、指名料がかかったとしてもそのお店のトップの方を指名するようにしています。トップのクオリティを知ることは大事だからです。

温かく確実なプロの手にかかって、だんだんとチャージされていく時間は極上です。若い頃は、どちらかというと、体のケアよりも顔のケアに注力していました。エステに行っても、体より顔が中心。顔につけるクリームは値段が高くても買うのですが、ボディクリームになると、「これでいいか」と妥協しがちでした。顔に比べて、体のケアはいつも後まわしだったのです。

ですが、歳を重ねたからでしょうか。体のケアをしっかりやると、顔色もよくなり艶が戻ってくるのを感じます。あんなに顔のケアにこだわっていたけれど、顔も体の一部だったのだと実感しています。

そう、やっぱり体の健康が顔色や表情にも表れるのだと思います。

真に美しい人は、内側から美しさを放っています。

メイクに頼らない真の美しさを目指すには、ボディケアをしっかりやることが大事なのだと思ったのは、こんな出来事があったからでした。

青山のカフェで隣の席にいらっしゃった、60代くらいのある女性の美しさに目を見張ったことがあります。無駄な贅肉のないしなやかな体と姿勢、艶やかで豊かな髪、年輪のような皺のある笑顔は、本当にピカピカと輝いていました。

また、心と体は繋がっているので、心に元気がないときは、体もその影響を受けて快調とはいかなくなってきます。心が落ち込むのに任せてじっとしていると、人付き合いや情報などのすべてを遮断したくなり、凝り固まっていくだけです。だからこそ、腰が重く感じても「さ、いくよ」と自分に声をかけて、ランニングをしたり、エステに行ったり、美味しいものを食べに出かけたり、とにかく体を動かすようにしています。そうすると、停滞していた心も動き始めるのです。

自分の体は、一生付き合っていくもの。

いつも循環させていくことで、いろんな変化に対応できるようになり、また内側から光るようになるのだと思います。

Your Case

あなたの場合

ゴールデンコーナーを作る

幸せに感じるものだけを集めて

自分の部屋はその人だけの聖域です。

あなたは、自分の部屋に何かルールを持っていますか？　美意識の高い私の友人は、好きなもの以外は絶対に部屋に置かないというポリシーを持っていました。彼女が選んだものはたとえテイストがバラバラであったとしても、どこか彼女らしいと感じさせるセンスのいいものばかりでした。ティッシュカバーのような日用品でさえ、好みに合うものが見つからないときは、カバーなしで引き出しに隠して使っていたほどです。

私には、そこまでのこだわりはないのですが、この一角だけは、好きなものだけを置きたいと思っているコーナーがあります。

それは、寝室にある鏡台です。

引き出しの中には、母にもらったジュエリーや時計を入れ、鏡の前にはフォルムの美しい香水や化粧瓶などを置いています。美意識が高まるようなものを置いておく、私にとっての「ビューティフルコーナー」であり「ゴールデンコーナー」です。

鏡台が美しいと、自然と気持ちが高まります。こういった小さなこだわりが、家での時間をより豊かにしてくれるのではないかと思います。

この話を友人にしたところ、その友人は、ダイエット中のとき冷蔵庫にスーパーモデルや憧れの女性の写真を貼って、冷蔵庫を開けるたびに食べたい気持ちを戒めるということをしていたそうです。ダイエットに成功した彼女は「私にとっては、冷蔵庫がゴールデンコーナーよ」と嬉しそうでした。これは、「モデリング」と呼ばれる効果です。

なりたい女性・憧れの女性をいつも目に焼きつけておくことで、目標としてインプットされます。そうすれば、成功のイメージも明確になります。

「あの女性なら、どんな食事をしているのかな?」「どんなふうに家で過ごしているのかな?」といつも想像するのです。それを真似してみるのも、憧れの人に近づく大きな一歩になるのです。

いつも上質な木綿の服を着て、木の温もりが好きだった先輩の家のリビングには、たくさんのアロマキャンドルが並んでいましたし、フランスに住んでいたマダムは、リビングに置かれた銀製品のコレクションが圧巻でした。素敵な女性の部屋には、皆、その人らしいゴールデンコーナーがありました。

ゴールデンコーナーは、自分に戻る場所でもあり、自分を癒し、高めるパワーがある場所なのだと思います。部屋全体を一気に変えようと思うと大変ですが、どこか1コーナーと言われたらできる気がしませんか？

Your Case

あなたの場合

くたびれたら、一輪の花

心がかさついたときこそ

戦時中でも、闇市で花は売れていたという話を聞いたことがあります。

その話を聞いたときは「お米もない時代に花を買うなんて」とびっくりしたのですが、人はお腹が満たされても、心が満たされないと幸せは感じられないのかもしれません。ずっと昔から、人は花から元気をもらい、美しいものに救われながら、生きてきたのかなと感じました。「豊かさとは何か」ということを考えさせられるエピソードです。

代々木上原に、「ムギハナ」というお気に入りの花屋さんがあります。

そこに行くと、何とも幸せな気分になります。買わなくとも、見るだけでも元気になるその花屋さんは、私のパワースポットでもあります。ラナンキュラスやシャクヤクなど花弁の多い花は存在感があるので、一輪だけ買って帰り、部屋に飾っているといつも満足感を得られます。

ギフトでお花を贈ることも多いのですが、そんなときは花屋さんに贈る相手のイメージを詳しく伝えたり、テーマや色を指定したりしてお願いをします。プロの手によって毎回、こちらの期待を遥かに超えた素晴らしい花が仕上がったときは、贈るほうも贈られるほうも感動し、記憶に残るギフトになります。

こんなとき、やっぱり美しいものは、人の心を震わせるのだと再確認するのです。

忙しい毎日であっても、時間を見つけて美しいものに触れるだけで、心は豊かになっていきます。花だけに限りません。美しい景色、絵画、芸術品と呼ばれるすべてのもの、美しいものは探せば身のまわりにたくさんあります。

そういう時間が日頃の生活で心に溜まった澱を、きれいに洗濯してくれます。

心がガサガサしたときは、つい暴飲暴食をしがちですが、花一輪、買って帰るほうが、気持ちは潤うのです。

Your Case

あなたの場合

触感を大切にする

優しい気持ちをくれるもの

「人は着ているものの触感で、表情が変わる」と思った出来事がありました。

それは昔、エレガントな憧れの女性にふと触れたときに、カシミヤのセーターの柔らかい触感にはっとしたのです。その女性は、柔らかな表情で身のこなしも優雅でした。いつもシルクのブラウスや上質なカシミヤのセーター、ストールなどをお召しになっていて、その柔らかな表情は、柔らかなものを纏っているからではないかと思ったのです。自分を大切にしている素敵な大人の女性は、触感を重視するのだと思った瞬間でした。

触感は心にダイレクトに響きます。

もちろん、自分の心が柔らかいときは、他者と自分との違いを受け入れることもできて、優しく寛容になれます。ですが、いつも柔らかい心でいることは難しいものです。そんなときに、優しい肌触りのものに包まれることで、自分の心をほぐしていくのもいいのではないでしょうか。

直接、肌に触れるものに上質なものを選ぶことは、自分のことを大切にしてあげることです。自分の心も体も優しく包んでくれる肌触りの服やブランケットやストールは、自己肯定感を高めてくれる効果すらあるのです。反対に、チクチクするものやガサガサしたものは、心や表情までとげとげしくなってしまいます。

疲れた日は、バスタオルやバスローブの触感にこだわるのもいいでしょう。癒されたい夜は、柔らかな感触の毛布にくるまって眠るのもいいでしょう。

私自身、肌寒い日は、カシミヤのストールをバッグに入れて出かけます。

年中愛用している「ファリエロサルティ」のストールは、肌触りが極上で、一度巻いてみると、あまりの心地よさに他のものが使えなくなってしまいました。肌寒い日の私を温め、癒し、包んでくれる、なくてはならない存在です。どんなときも巻くだけで幸せを感じる、手放せないストールです。シルクのブラウス一枚分くらいのお値段がしますが、欲しい洋服を一枚我慢しても買う価値があると思います。

自分を大切にしている人は、他者も大切にすることができます。
柔らかい心で、柔らかい表情で、柔らかく他者を包み込むような人でありたいと思います。そんな自分をつくるには、触感を大切にすることから始めてはいかがでしょうか。

Your Case

あなたの場合

ゼロになる

捨てる習慣を持つ

捨てられる人は、選べている

「捨てること」「手放すこと」は難しいですし、苦手だと感じる人は多いと思います。

私も苦手でした。捨ててしまったら、後悔するのではないかと不安になったり、自分じゃなくなるような気がしたりしていましたが、人生の後半になってから、捨てることが怖くはなくなりました。人生という時間が有限だと実感するようになったからかもしれません。

人は、残り時間が短くなると、優先順位がはっきりします。

まずは時間を奪われるものから、捨てていきましょう。有限な時間は、あなたにとって何よりも貴重な財産です。

時間を奪われるものとは何かと言うと、例えば携帯ゲームなどの中毒性のあるものや、気が乗らない飲み会などです。「義務感でやっていたこと」「必要以上に人に合わせること」も捨てることができるとスッキリするはずです。

捨てることで寂しさを感じることもありますが、捨てるからこそ、その寂しさと一緒に大切な思い出が心に刻まれていきます。

また、捨てることができていれば、同時に選ぶこともできているということです。選ぶことができると、「私らしく」生きていくことができます。

選ぶ基準は直感で、理屈より「心地よいかどうか」が大事です。

頭で考えるより、心のワクワク感が自分を動かしてくれます。

気が乗らない誘いを断り、スケジュールを空けていけば、そこにまた新しい予定が入ってきます。それを思うと、気が乗らないことでスケジュール表を埋めてしまっている状態はもったいないと思いませんか？

この「捨てること」「手放すこと」を日常的に習慣づけるために、私は買い物をしていてレジに向かう前に、カゴの中に入れたものをもう一度見直し、ひとつだけやめるということをしています。それはファストファッションのショップや100円均一のショップでもそうですし、スーパーやコンビニでも同じです。

ついついカゴの中に入れすぎてしまうので、ひとつだけカゴから出すと決めています。無意識にカゴに入れてしまっていることも多いので、できれば、カゴは持たない方がいいのかもしれません。よく、店員さんがカゴを差し出してくれますが、大きいカゴを持つとどんどん入れたくなってしまうからです。

持ちすぎずに、少し足りないと感じるくらいで、本当はちょうどいいのです。

私は、自分の部屋も、一年に一回何かひとつ手放すと決めていて、リサイクルと大掃除をしています。

以前、クローゼットも常に2割のスペースを空けておくことで使いやすくなると、片づけのプロに教えてもらいました。

目いっぱいまで詰め込むと使いにくくなってしまうのは、クローゼットだけではなく、人生の時間割も同じだと思います。毎日の中に、2割の余白時間をつくれたら、理想的です。これは、この2割の余白が膨らし粉のように、人生を豊かにしてくれるからです。

そして、「捨てること」のもう一つのメリットは、自分軸が持てることです。

自分の選択軸ができて、人と比べることを自然としなくなります。

ものも情報も溢れている世の中だからこそ、「捨てること」「選ぶこと」が、自分軸をつくると思います。

振り回されるのが嫌な人、いつもいろんなことがパンパンで心に余裕がない人は、ぜひ「捨てること」から始めてみませんか？

Your Case
あなたの場合

掃除で流れをよくする

場を清め、心を晴れ晴れと

掃除をすることは、生きている限りエンドレスに続きますね。

掃除しても、また汚れますから、マイナスをゼロにする作業のように感じて虚しいという人も多いと思いますが、マイナスの状態からいきなりプラスに転じることはありません。汚れた状態からゼロに戻しておくことで、プラスはやってくるのです。

常にきれいな状態をキープしている人は、誰も見ていないひとりの時間を大事にしている人なのだと思いますが、そう感じさせる人は、なぜか運もいいのです。掃除は、顔を洗ったり、爪を切ったり、髪や洋服や、身支度を整えることと似ています。

また、自分を大切にしている人は、身支度を整えるのと同じように、身を置く空間を大事にしているのだと思います。風水でも、「掃除をすることは浄化になる」「よい運を呼び込む」と言われていることはよく知られるようになってきました。

確かに、ホコリの溜まった状態では、物事は停滞し、よい空気が入って来ない気がします。

私がグッチで働いていたときのことです。

売り上げが悪いときは、決まって全員で徹底的に掃除をしました。

店頭だけでなく、ストックや店の前の道路まできれいにすると、なぜかスタッフも笑顔になるのです。掃除が行き届いた状態で、スタッフが笑顔でいると売り上げが伸びました。不思議なことですが、棚に長い間置いてある黒いTシャツをきれいに畳み直し、ホコリをとると売れるのです。掃除がスタッフの心にもお客様の心にもいい効果を及ぼすのは、実証済みでした。

実際に、清掃が行き届き、整頓された美しい空間だからこそ、私たちスタッフの気分も上がりますし、お客様もお店から大事にされているという特別感を持ちます。こういった経験をしてからは、より「そわかの法則」と言われている「そうじ」、「わらう」、「かんしゃ」の3つを実践するようになりました。これは売り上げをつくるだけでなく、私たちもお客様も、お互いをハッピーにする法則でした。

仕事でもプライベートでもうまくいかないことが続いていると、「流れが悪い」と感じることがありますが、掃除をして家の中の空気の流れをよくしてあげると、停滞しているものが動き出すような感覚を覚えたこともあります。

もし今何か、淀んでいる、停滞していると感じるのであれば、まずは窓を開けて空気を入れ替えてみてください。そして気づいたときに、さっと目に入ったホコリや汚れを取り除きましょう。このひと手間を惜しまないことで、新しい流れを呼び込むことができます。

物件を選ぶとき、日当たりも大事ですが、日当たりより風通しを重視するというお客様はたくさんいらっしゃいました。「たとえ、リビングが北向きでも、風通しのいいほうが気持ちいいし、空気を循環させられる間取りがいい」と、強運に見える方ほどそうおっしゃいました。

なかなか全部を掃除するのは難しいし、時間もないというときは、トイレだけ、または玄関だけと、一か所だけを徹底的に綺麗にするということでも心は変わっていくと思います。

Your Case
あなたの場合

使い捨てず、
手入れする

時を一緒に重ねるものへの、愛情を

拙著『本当に必要なものはすべて「小さなバッグ」が教えてくれる』の中で、バッグをメンテナンスするには、「帰ったら、中身を全部出す習慣をつけること」が大事だとお伝えしました。これは、中身を全部出すといらないものを持ちすぎていることに気づくだけではなく、バッグの中の汚れや傷みにも早めに気づけますし、入れっぱなしにしないことで型崩れすることを防げるからです。

これは、心も同じではないでしょうか。

いらないものを入れた心は、ことあるごとに一旦すべて出し切って、傷がついたところを修復していくようにしましょう。

また、ものをメンテナンスする習慣は心にも効きます。使い捨てが当たり前の世の中で、「ものを長く大切に使う」気持ちを育ててくれるからです。長く大切にしてきたものから、多くのことを学べるのです。

例えば、そんなに頻繁に買い替えないものとして家具が挙げられます。

「長く大切に使う」と心に決めて、お気に入りのものを手に入れていくのもおすすめです。

ここ最近は日本でも人気ですが、世界から名品と讃えられるものが多い北欧のヴィンテージ家具などもいいですね。冬の時間が長く、家の中で過ごすことが多い北欧の冬を豊かに彩ってきた家具には、名品と讃えられるだけの歴史やデザインの優美さがあります。飽きることなく、メンテナンスしながら自分の人生の時間を共に過ごせるのは贅沢なことだと思います。

または、スツールや椅子1脚から始めて、徐々にお気に入りの家具を買い集めていくのも素敵ですね。何度も見て、座ってみてから選び、使っていくうちに愛着が湧いてくると、メンテナンスも楽しくなります。

ものをメンテナンスする心が育つと、自分自身のメンテナンスも楽しみながらできるようになっていきます。実際、私は女性の人生は、メンテナンス次第だと思っています。毎日のメンテナンスが、10年後、20年後を決めると言っても過言ではありません。このメンテナンスという毎日のルーティンを素敵な仕事にできると、女性はさらに素敵になっていくのです。

手をかけたものは息を吹き返し、温かみが出て熟成されていきます。女性も同じで、手をかければかけた分だけ、未来に必ず結果が出るのです。

資生堂さんの「一瞬も一生も美しく」という大好きなキャッチコピーがあります。美しい人は、毎日の小さなメンテナンスが一生の美しさに繋がることを知っているのでしょう。

私は販売員時代に、多くの有名人の方や美しい女性の接客をしてきましたが、ある女優さんは「その日の疲れは、その日のうちに取り除くことが大事」とおっしゃっていました。その方がおっしゃるには、寝る前には、アロマキャンドルを焚きながら入念にストレッチをして、3種類のマッサージオイルで全身をマッサージするのだということでした。そのお話を聞いたときは「こんなに忙しい方なのに」と自分が恥ずかしくなりました。改めて、「美は一日にしてならず」だと思ったのです。

私は、「綺麗」と「美しい」は違うと思っています。「綺麗」は急仕立てで表面的に繕うことができるかもしれませんが、「美しい」は積み重ねでできているような気がします。

今は、何でも「簡単」「便利」「効率」が重視され、「面倒なこと」「時間のかかること」は排除されがちです。

短期間で使い捨てる方が、長い間手入れをしながら持ち続けるよりもストレスがないと考えがちですが、それでは本当の豊かさを感じることはできないのではないでしょうか。

手入れをしながらでも長く持とうとする気持ちや常にひと手間かけてケアする意識を育んでいけば、自分の外見も、内面も、そして人間関係までもが変わってくると思います。これは、人生で時間をかけて大切にすべきものがわかってくること、そしてそこまでの道のりや意思が表情にも表れるからです。

まず第一歩として、気に入ったものを、時間をかけて選んで、長く大切に使うと決めて手に入れてみてください。いつもなら「これがいい」と印象ですぐに決めているようなものでも、妥協をせず、本当に欲しいもの、長く使えるものかどうかを見極めてみてください。

これを繰り返していけば、本当に自分に必要なものがわかってきます。

ものも人も長く付き合っていくと、独特の味が出てきます。歴史を刻んでいくことで風格や品格さえ漂ってきます。

人生において、そんなかけがえのないものや人を持っていることは、あなたの自信にもなるのです。

Your Case

あなたの場合

素の自分でいられる場所へ

新鮮な気分になれるはず

もしかしたらこの本を読んでくださっているあなたもそうかもしれません。

歳を重ねるにつれ、誰しも仕事の場面で責任が重くなっていきます。

大きな仕事を任せられて背伸びをする場面や、「先輩としてこうあるべき」といったプレッシャーを感じる場面も多くなってきているのではないでしょうか。

私は以前働いていたグッチで店長になったとき、後輩や部下の様子に常に気を配り、声をかけ、一方では売り上げをつくるための先頭に立ち、責任を背負う毎日に少しずつ疲弊していきました。

そして、立場が上がれば上がるほど、孤独にもなっていきました。

そんなとき、仕事とは全く関係のない習い事に救われました。

その時期は、ゴスペルのグループに参加したり、陶芸教室や料理教室に通ったりしていました。初心者ですから、新人として先生に教えてもらうことが新鮮で、受講者同士の上下関係のない、フラットな立場でのコミュニケーションには、背伸びをせずにいられました。

先生には、憧れの人や尊敬できる人を選ぶと、習い事に対する気持ちも高まりました。「こんな人になりたいな」と感じる人に教えてもらうことは、私にとって大きなインプットでした。

鎌倉のお寺でヨガのレッスンに通ったこともありましたが、そこを選んだのは、先生に惹かれたからです。レッスンを通じて、その先生の美しさの極意も学べました。

また、体幹のしっかりした体は、精神もぶれない軸を持っているのかもしれない、という気づきを得ました。美しい背中は、背骨と肩甲骨のしなやかさだと感じたのです。その美しい軸が表情さえも凛とさせるのだとわかりました。

先生は、初心者の私の質問にもいつも丁寧に答えてくれました。

帰りは、高揚感と充実感でいっぱいになりながら、江ノ電に乗っていたことを思い出します。

一緒に受講していた仲間も、普段は会うことのない人達なので、いつもとは違った自分で接することができて、等身大で向き合うことができました。

こんな場所に、月1回でも通うことができると、リフレッシュされます。

Your Case
あなたの場合

自堕落な時間を過ごす

何かを放り出す日があってもいい

毎日フルスロットルで頑張っているあなたこそ、「今日は頑張らない日」と、思い切って自堕落な日をつくってみませんか？

何にも、しなくていいのです。

思いっきり手抜きをしましょう。

ただ、だらだらと過ごしましょう。

例えば、お弁当とスイーツを買い、一日中パジャマで好きなだけＤＶＤを見て、好きなことだけして過ごしてみるのもひとつです。こんなときは、ホコリの塊が部屋の中を横切っていったとしても、見て見ぬふりをして、「死ぬわけじゃないし」と自分に言い聞かせてください。

女性は月の満ち欠けのように、心身の調子にバイオリズムがあります。

それに従って、自分をコンディショニングしていけばいいのではないでしょうか。

例えば、私は毎日頑張って家事をしていても、気分が乗らないときは、嫌々やっているので、料理をすれば包丁で指を切り、掃除をすればものを壊してしまう、ということがありました。それなら、やらない方がマシだと思ったのです。

体だけでなく、情報が溢れる世の中になってからは、情報の整理だけで頭も疲れています。何の気なしにSNSに投稿した写真にも賛否が寄せられ、そのコメントにも敏感になってしまうことが多いはずです。それなら今こそ、一時話題になった「鈍感力」を見直してもいいと思いませんか。たまには、「ま、いっか」と思えるアバウトさが心を救ってくれることもあるでしょう。

何でも「○○すぎる」とき、不具合が生じますね。

「頑張りすぎる」「真面目すぎる」「優しすぎる」……。それ自体はいいことなのに、過剰になると自分も周りも疲れます。

ある新入社員の人から、こんな話を聞きました。

彼女の会社では、上司が有休を取らないので、みんな有休を取るのをなんとなく我慢していました。まさに「忖度」しているような状態だったところ、彼女の有休があっさりOKされたそうです。それに対して、先輩たちがいい顔をしなかったらしいのです。

「みんなも取ればいいのに。ムッとするってことは、本当は有休を取りたいってことですよね」と彼女は言いました。「休みたい」という気持ちに蓋をしていると、それが他者への怒りに変わってしまうことすらあります。自分に厳しすぎると、他者にも厳しくなりがちです。

また、こんなこともありました。

友人に悩みを相談しているとき、相手が「解決してあげよう」という気持ちで、早急に解決策としての結論を出してくれたのです。友人は善かれと思ってやってくれているることですが、私自身の気持ちがついていかないということがありました。

結論を出すタイミング、「こうしよう」と行動するタイミング、ちょっと休みたいタイミングというのは、人それぞれ違います。

だからこそ、人から「そろそろ休んだら?」と言われても、休みたくないときもあるでしょうし、逆に「今、休むの？」と言われたとしても、あなたが本当に休みたいタイミングなのであれば、迷惑をかけない限り休むほうが効率的だと思います。

もうエネルギーが切れているときに無理に動いても、ミスをしたり、痛い思いをするからです。

休んでエネルギーが満タンになったら、今の何倍も集中してやれるはずです。そのほうが濃く深く、物事に取り組むことができますから、結果も出やすいと思うのです。「もう今日は無理」「明日は休まないと息切れする」と思ったのであれば、それは正しいのです。その感覚を大事にしてください。

Your Case
あなたの場合

無心になれることを持つ

悩みも吹き飛ぶ「没頭」「集中」

毎日を過ごしていると、心の中には、常にいろんなものが入ってきます。それはキラキラしたものや気持ちをふわふわさせてくれるものだけでなく、ざわざわしたものやどんよりしたものももちろん含まれています。

こういったものが心に沈殿すると、なかなか出ていってくれません。切り替え上手な人は、どういうことが起こってもサッといつものモードに戻り、気持ちの浮き沈みに振り回されることがないので、羨ましいなと思っていました。

10代の頃のことです。友人と喧嘩してなかなか眠れない夜に母がこう言いました。「目を閉じて羊を一匹ずつ数えていたら眠くなるよ」

よく言われている方法ですね。疑いもせずに、ただ数を数えているうちに気に病んでいた友人との争いも遠のき、眠ってしまったことを覚えています。この「ただ数を数える」ということが、なぜ効果的なのかを知ったのは、大人になってから。あるセミナーに参加したときのことです。

講師の方から、「このテキストの中に『の』という文字がいくつあったか、誰よりも多く数えてください。制限時間は2分です。それでは、よーいスタート！」といきなりの指示がありました。訳がわからないまま、スタートの合図で、ひたすら「の」の文字を無我夢中で数えている自分がいました。

制限時間が終わった後、それぞれ自分が数えた「の」の数を発表しました。なぜか私が一番多くの「の」を見つけ、褒められて嬉しかったことを覚えています。そのときに講師の方が「今の感覚が没頭（フロー）状態です」とおっしゃいました。

そのときに、人は意味がわからないことでも、とにかくやってみれば集中できるし、達成感を得ることができるのだなと、驚きました。そして、これは心がざわざわしているときにはうってつけではないかと思ったのです。

フロー状態は、少しのチャレンジ精神があれば、自分でも意識的につくることができるのです。

「興味のある、なし」は関係ありません。

たとえ、「の」の数や羊の数を数えることに興味がなかったとしても、人はフロー状態になるのです。

そのセミナーでの体験は、「できた」という小さな充実感を与えてくれました。

もちろん、フロー状態は「数を数える」以外にもつくれると思います。

ある女性は、雑巾を持って、ただひたすら床を磨いていると無心になれると話してくれました。これは床もピカピカになりますから、嬉しい一石二鳥です。

嫌な気分を切り替えて無心になりたいときは、理屈よりチャレンジ精神を発揮して、ただ、ひたすら「集中する状態」「他のことに意識がいかない状態」をつくってみてはいかがでしょうか。

Your Case
あなたの場合

自分軸を取り戻す

振り返りの時間を少し

心を自分でハンドリングする方法

日々、追われるように忙しい時間を過ごしていても、ほんの少しでも、振り返りの時間を持てるとリフレッシュしますよね。

私は以前、リフレッシュ用にオリジンズの「ピースオブマインド」というジェルを持ち歩いていました。この香りを嗅いで深呼吸すると、気持ちが晴れてスッキリするので、疲れたときはこめかみや肩になじませて気分転換していました。特にミスやトラブルが続いたときなどは、気分を切り替えるためにもよく使っていました。

ある女性は、携帯電話の待ち受け画面に、「what's next?」（次は何をしようか？）と表示していました。昼休みや移動時間に見ると、思考が整理されるということでした。

またある女性は、帰りの通勤電車の中で、手帳にひと言、今日一日の感想を書くそうです。素直に「嬉しかった」「ほっとした」「びっくりした」「腹が立った」と本音の感情を書くと落ち着くのだと言っていました。そして、朝の通勤時間には、「今日はどんな一日にしたい？」と自分に問いかけます。昨日を引きずらないように、リフレッシュした一日を始めるきっかけになるそうです。「笑顔で過ごす一日」とか、「前向きな言葉を使う日」など、具体的に書くことで憂鬱な朝も気持ちを切り替えることができるのだと言っていました。

成功している人は切り替えが上手です。

また、ある女性は幼稚園に通う娘さんがいて、仕事の帰りにお迎えにいくのですが、園児が一人ずつ、皆の前に立ち、「○○ちゃん、今日はおもちゃを貸してくれてありがとう」と言っている姿を見て、「私は、今日、誰にありがとうと言おうかな」と考えるようになったそうです。一日の終わりに、「感謝したいこと」「ハッピーだったこと」「できたこと」の3つを書き出すと心が温かくなります。
振り返りの時間をうまく使えると、心のギアチェンジがうまくなります。
ぜひ、何かひとつ、取り入れてみてくださいね。

Your Case
あなたの場合

手書きノートで人生が動く

あなたの一番の味方

予定に連絡にさまざまなコンテンツにと、スマートフォンで何でも済んでしまう世の中ですが、あなたは日頃ノートを使っていますか？

ノートを書くことは、仕事でもプライベートでも、目標や夢の実現に有効だと言われています。実際に、ノートに夢を書き出すようになってから、目標を達成した、お金が貯まった、時間が上手に使えるようになった、夢の実現が早まったと言う方はとても多いように思います。

なぜ手書きでノートに書くことに効果があるかというと、主な理由としては指先には神経が集中しているため、書いたことが潜在意識に定着しやすいからだそうです。

手を使って書くことで、自分の意思が指先に伝わる感覚を持ち、その文字を何度も見ることで、深いレベルで脳にインプットされていくのでしょう。そうすると、以前なら見過ごしていたようなチャンスに気づけるようになってきます。そして、チャンスが来たときに瞬間的にキャッチして、すばやく行動に移せるようにもなっていきます。これは例えば、夢を加速する行動のヒントを、誰かがつぶやいたツイッターに見つけたり、電車の中吊り広告に欲しい情報を発見したりといったことです。

知人などの話を聞いていても、手書きで言葉にし、脳にインプットすることの重要性を感じることがあります。

ある女性は自宅でネイルサロンを立ち上げたのですが、集客を増やすために、「毎日、ワンアクションでできることをひとつだけやる」と決めて、ノートに書いて実行しました。そうすると、3ヶ月後にはお客様が実に2倍になったそうです。

また、ある女性は、欲しいものや行きたい海外の場所の写真や切り抜きを、ノートの最初のページに貼っていました。ノートを開くたびにモチベーションが上がり、ワクワク感が持続し、諦めることなく前向きに行動できたと言っていました。彼女は2

年後、昇進して収入が大幅にアップしました。

また、私の先輩は、仕事での悩みを整理するために小さなノートをポケットに入れて、いつも持ち歩いていました。ノートの左のページには愚痴や不満、ネガティブな思いや悩みを書き出し、右のページには、そのひとつひとつに矢印をつけて解決策や提案を書き出していました。この先輩は、私が上司とうまくコミュニケーションが取れなかったときに、「愚痴はなかなか聞いてもらえないけど、提案なら耳を傾けてくれるよ」と、このノートの使い方を教えてくれました。このやり方は、嫌なことがあったときも、前向きな気持ちに転換するきっかけをくれました。

「この状況から、どうやったら脱出できるか？」「AかBかではなく、C案はないのか？」

こんなふうに考えるきっかけを与えてくれたと思っています。

現在、私はスケジュール管理もノートでしていますが、リングタイプのゴム付きでポケットサイズの方眼ノートが使いやすいように思います。ロフトなどにも売っている「ロルバーン」はカラーバリエーションも豊富でおすすめです。

一年の最初には、休暇の予定を先に入れます。

また、1〜3月、4〜6月、7〜9月、10〜12月と、一年を4分割して、3ヶ月に1回、ワクワクする予定を真っ先に書き込んでいきます。ここまで走ったらこんな楽しみがある、とにんじんをぶら下げて走ることは、ついだらだらと時間を過ごしてしまう私には合っていると思っています。

また、目標に対して期限を設けることは、その実現に効果的です。私自身、期限の最後の月である3月、6月、9月、12月になると、いつもスイッチが入り集中力が増します。ノートには、何度も過去を見直し、今を書き加えながら、未来をデザインしていく楽しみがあります。

「何だか最近うまくいかないな」「行動力が落ちているな」と感じるときは、あなただけのノートをつくってみませんか？　書くことで人生が大きく動き出すはずです。

Your Case

あなたの場合

ぼーっとする時間を持つ

突破口を見つける少しの空白

最近、いつ、ぼーっとしましたか？　ぼーっとする時間は心を空っぽにしてくれます。カフェで道行く人をただひたすらぼーっと眺めたり、電車や飛行機に乗って、窓の外の景色をぼーっと眺めたり。

「何時までに戻らなきゃ」と追われることもなく、「〇〇しなければならない」という制約からも解放されて、ただただ時の流れを味わっているような贅沢な時間です。

私たちは、毎日、無意識に見たものを頭で評価しています。言葉に出すことはないまでも、快・不快、美しい・美しくない、良い・悪いと判断しているのです。

これを一旦やめて、ただ心で感じていきましょう。

私は関西に住んでいたころ、疲れるとよくひとりで京都に向かいました。東京では見えませんが、関西では中心部を走る電車からも山が見えました。ガタゴトと揺れる電車から、山を見ているだけでも少しずつ心が癒されていくのがわかりました。京都に着けば、お寺でぼーっと庭を眺めたり、鴨川の土手に座ってひたすらぼーっとしたり。私にとっては大切な時間でした。

京都の歴史を刻んできた空気は、どっしりと私を包んでくれて、安定させてくれるようでした。疲れているときは、ハイテクなものより、古いものに触れたほうが心が和むのだなと感じました。

美術館に行って、絵画を観る時間も贅沢な時間ですね。絵の前で、ぼーっと立っていると、時空を超えて絵が何かを語りかけてくれているような気持ちになります。

美術館の中のカフェも素敵なところが多く、静かで荘厳な空気の中、お茶をするだけで、心も芸術品のように崇高になっていくような錯覚を感じます。こういったひとりの時間には、何とも言えない心の充足感があります。

ある女性は、仕事と子育てに追われ、ぼーっとできる時間が持てなかったそうですが、お子さんのお迎えに行くまでの15分間、近くのカフェのコーヒーの回数券を買って、お茶をしながら、ぼーっとする時間を持つことにしたと言っていました。

この、たった15分が自分をリセットしてくれて、またチャージしてくれるのだということです。短い時間であっても、日常の中でただただぼーっとする時間が持てると、切れ目なくやるべきことに勤しんでいる自分を労ってあげられます。心の栄養と言ってもいいかもしれません。実際、私は、**こういったぼーっとしている時間に、いいアイディアが浮かぶ**ことが多いのです。

「やらなければならない」ことは満載ですが、どうしても気分が乗らないときは、その自分の感性のほうを大事にしてみてください。ルーティンが決まっていることでも、ちょっと手を止めて、ぼーっとしてみるのです。そうすると、思ってもみなかったような突破口が開くことがあります。

こういった時間に直感で受け取るメッセージは、本当の自分からのメッセージなのかもしれません。

Your Case
あなたの場合

宝箱をひらいてみる

一瞬で「その時」に戻れる

あなたの思い出の箱、宝箱の中には、何が入っていますか？

私の宝箱の中には、昔もらった手紙が入っています。それは、退職したときに仲間からもらった寄せ書きや、ファッション専門学校の講師をしていたときに生徒からもらった手紙たちです。生徒からもらった手紙は、今でも読み返すと涙が出てきます。

ある生徒の女の子は、「先生は一生懸命だったのに、ふがいない自分でごめんなさい。大好きです」と、書いてくれました。本気で叱ったこと、本気で泣いたあの頃が蘇ってきます。

宝箱は、日常生活を送っているうちは忘れている存在で、いつもいつも中を見るわけではありませんが、改めてひらいてみると、無我夢中で生きてきた歴史が詰まっていて心が熱くなり、また頑張ろうという勇気が湧いてきます。

その時代その時代の光景がはっきりと目に浮かんできて、エピソードとともに宝箱で眠っているのです。

あなたの宝物は、私のものとはまったく別のものかもしれません。お子さんが描かれた絵や手紙、ご家族の写真、お母さまから受け継いだバッグ、自分が働いたお金で買った家具……。人によって本当にさまざまだと思います。

私の友人は、ある誕生日パーティーのときに、上品な古いアンティークの時計をつけていました。彼女は「手巻きだから大変なの」と笑っていましたが、大切なおばあさまの形見なのだと話してくれました。いつもは箱の中に大切にしまってあるけれど、自分の誕生日とおばあさまの月命日には必ずつけているのだということでした。

少女の頃に思い描いた宝物というのは、純粋に貴金属のようなイメージではありませんでしたか？　でも、大人になった私たちは知るのです。それは、必ずしも高級なものではなく、人生の中で大切にしている人との絆や心の琴線に触れた時間を切り取ったものだということを。
そんな宝箱や思い出の箱を、ときには眺めてみるのもいいですね。

Your Case
あなたの場合

響いた言葉を書く

美しい言葉を自分の中に積み上げる

本を読んだり、TVや映画を観たりしているときに、ダイレクトに心に響いてくる言葉に出会うことがあります。

そのときの心理状態で、心に響く言葉は違いますよね？　あるときは、自分を鼓舞してくれるものだったり、ときには、自分をラクにしてくれるものだったり、さまざまです。そんな言葉に出会ったときは、ノートに日づけと出典とともにメモしてみませんか？

例えば「映画○○の中、ヒロインのセリフ」といったようにです。

書くだけでなく、雑誌や新聞の記事を切って貼っておいたり、新年にひくおみくじの中にもいい言葉があったりすると持ち帰って、ノートに貼ってみるのもいいかもしれません。ふと迷ったときや、辛いときに、それらの言葉が背中を押してくれたり、手を差し伸べてくれます。

こういった言葉のストックと同じように私の心を引きつけてやまないのが、コピーライターの糸井重里さんの著書「小さいことば」シリーズです。

その中に『ほんとうになにかを伝えたいというときには、絶対に「ことばがきれい」なほうがいい。』(「抱きしめられたい。」株式会社ほぼ日)という言葉があって、それは、いつも私の胸にあります。

また、自分の心に響いた言葉が自分を守ってくれるということの他にも、自分自身が発する言葉を磨いていくのにも、この書き留めていく作業は手助けになると思っています。今は、誰もがブログやツイッターで言葉を発信する時代になり、「語彙力」も注目されています。私はカウンセリングや講師として言葉を使う仕事なので、自分の心が震える言葉を使わないと、人の心は動かせないと思っています。

書き留める作業を続けることで、きれいな言葉をたくさん知り、自分の心に響く言葉を拾っていければ、相手の心に響く言葉も選べるようになるのではないかと思い、私も勉強中です。

今、あなたが思い出す「響いた言葉」は何でしょうか？
真剣に自分の人生を生きていれば、言葉は体から滲み出るものだと信じています。
相手に響く言葉を持っている大人になりたいですね。

Your Case
あなたの場合

ピンチのときはチャンス

あとから見れば「いいきっかけ」

仕事でミスをしたとき、失恋をしたときなど、凹んだ気持ちを、いつまでも引きずってしまうことってありませんか？

考えてみれば、凹んだ気持ちのまま時間を過ごすことは、時間のムダ使いですよね。こんなときは、「チャンス！」と呟くことです。私はピンチのとき、「これは何のチャンスだろう？」とまず、自分に聞くことにしています。

これは新人時代、私がお客様からお叱りを受けていたとき、先輩が「チャンスよ」と耳元で囁いてくれたおかげで身についた習慣です。

なにかミスをしたときは、「きっと別の形で挽回するチャンスが巡ってくる」ということなのです。

ミスをしたことで貴重な情報や学びを手に入れたそのときの私は、言うならば手の中に花の種をたくさん握っている状態でした。その瞬間はそのことに気づいていなかった自分に、先輩は、「この種を撒いて水をやり育てていけば、きっと一面の花畑を見ることができるよ」と教えてくれたのです。

そのお客様は、大切な顧客のお一人となり、長いお付き合いになりました。お叱りを受けているときは、失敗の側面しか見えていませんでしたが、結果的にはその出来事がお客様を担当させていただくきっかけになったことには間違いありません。

失恋したときも、新しい出会いへのチャンスです。終わりは始まりですから、より素敵な人と出会う場面がこれからやってくるということです。運命の人と出会うチャンスを手に入れたと考えればいいのではないでしょうか。

私はいつも、こう思います。

もし、起こった出来事が丸いボールのような形をしているとするなら、半分が黒で半分が白なのだろうと。そう、両方の側面があるということです。黒い方から見ると黒いボールですし、白い方から見ると白いボールですが、どうしても黒いボールに見えることが多いですね。

また、最初の印象が白いボールであったとしても、そこに一点の汚れや欠けた部分が見えると、そこばかりが気になってしまうのは当たり前なのではないでしょうか。

なぜなら、人には防衛本能があるからです。

人間関係で、無意識のうちに一部の高圧的な人や不機嫌な人に気を使って、エネルギーに注いでしまうのも、防衛本能が働いている結果ではないでしょうか。考えてみれば、エネルギーがもったいないことです。

せっかくならば、大きくても小さくても、黒い部分ではなく白い部分を見られるようでありたいなと思います。人との関係なら、大好きな人、大切にしたい人など、エネルギーを注ぐべき相手は他にいるはずです。

だからこそピンチの局面には、例えば仕事であれば謝罪や原因の究明、再防止の対策など本当にするべきことが終わってしまえば、すぐに前を見て歩き出せるといいなと思います。本当にするべきことをやっている最中に、必ず学びがあります。その最中にいるときにはそんなふうには思えませんが、自分が成長するきっかけには違いありません。

なにかミスをしてしまったり、もめごとが起きても軽やかに切り替えていける人がまわりにいませんか？　そういう人は、きっとピンチはチャンスだと知っている人なのでしょう。

Your Case

あなたの場合

自分への問いかけを習慣に

まだ見ぬ本心に出会いに行く

コーチングという言葉を聞いたことがあると思います。

これは、対話によって相手の自己実現や目標達成を図る技術なのですが、そこには「質問の効果」があります。他者と話していて、思いがけない質問をされ、それに答えているうちに、はっと「自分はこんなことを思っていたのか」と気づいたことがありませんか？

それは、その質問が釣り糸となって、潜在意識に眠っていた魚を釣ってきてくれているのです。人の顕在意識（自分でわかっていること）は、意識の中の氷山の一角で、潜在意識のほうが膨大だと言われています。自分ではわからない無意識の領域なので、質問によってその魚が釣り上げられると、当の本人は「こんな魚がいたのか」と、びっくりするのです。

私は、カフェで、あるコーチと話をしていて、こんな質問をされたことがありました。「その目標達成地点が、あの入口の扉のところだとすると、今いる場所から、何歩で行きたい？」と。

思ってもみなかった質問でしたが、「うーん、大股で3歩くらいで行きたいです。ちょっと助走して、ホップ、ステップ、ジャンプで」と答えていました。そして、答えてから、「ああ、私は助走が必要だと思っているんだ」「期間は、3年くらいで達成したいと思っているのかも」と気づいたのです。これは、コーチに質問されなければ気づかなかったことです。この後、その課題については、具体的に行動に移すことができました。

どんなに他者から「こうしたら？」と言われてもピンと来ない場合でも、自分で気づいて言葉にしたことは、腹に落ちます。

また、セルフコーチングといって、自分への質問も効果的です。

「この先、どうなるんだろう」と不安に思ったときは、「この先、どうしたい？」と自分に質問するのです。「私は、○○しなければならない」とその状況を苦々しく思うようなときは、「本当は、どうしたいの？」と自分に聞いてみましょう。

自分の人生を主体的に動かしていくためにも、質問の力を最大限、活用してみてください。不思議なことに自分への質問の質が上がっていくにつれ、自己実現までのスピードも増していきます。

ぜひ、自分への問いかけを習慣にしてみてくださいね。

Your Case

あなたの場合

フィクションに浸る

好きなだけ、遠くへ行ける世界

私は、ドラマや映画のシナリオに興味をもち、勉強しています。

シナリオの世界では、自分が思ったようにストーリーを展開させることができるので、書いていてワクワクしますし、浄化作用もあります。女優さんがいろんな人生を演じることが楽しいとおっしゃるように、自分がつくり出すフィクションの世界は、果てしなく自由で不可能なことはひとつもありません。この万能感は快感です。

弱い自分がいるときは、好戦的な主人公にどんどん戦わせて、勝ち続けていくストーリーを書くとスッキリしますし、過去に伝えきれなかった思いは、主人公に台詞として伝えてもらいます。

そんなストーリーを考えているうちに、自分の弱さの原因に気づくこともあれば、また立ち上がる強さを自分の内に見つけたりすることができるのです。

脚本を書くのは、私にはできないと思われた方もいらっしゃるかもしれません。でも、なにも脚本でなくてもいいのです。

人には「物語欲」があるのだそうです。ストーリーをつくる欲望です。

小さい頃、私は、「ままごと」をして遊ぶことが大好きでした。お母さん役になっては「早くしなさい」と、いつも母に言われていることを友人に言ってみたり、パン屋さんになっては大好きなクリームパンをいくつも作ったり……。妄想でストレスを解消したり、欲求を満たしたりしていたのです。こういったことは、誰しもやっていたことではないでしょうか。もう少し歳を重ねれば、大人になったらこんなことをしてみたい、こんな家に住みたい、どこどこに行ってみたい。こういったストーリーを描いたと思います。

ですが、大人になって歳を重ねるにつれ現実に突き当たり、「こんなことはありえない」と、自由に物語をつくる欲を抑えてしまっているのではないでしょうか。

例えば、ダイエットをする場合も、「痩せて美しくなった私が、日本にお忍びで来ていたアラブの国王に見初められる」というストーリーをつくり、勝手にワクワクすると、いいイメージトレーニングになりそうだと思いませんか？

根拠のない自信は妄想から生まれることが多いと思いますが、それは意外と強いものだと私は思っています。わくわくした気持ちで行うイメージトレーニングは現実を引き寄せるので、アラブの国王とまではいかなくとも、きっと素敵な人に出会えるのではないでしょうか。

日常のなかにも、フィクションに浸る機会はたくさんあります。

小説や映画は一番身近なものかもしれませんね。映画は2時間の間、まったく違う世界にどっぷり浸ることができるのが魅力的です。ディズニーランドのようなテーマパークも日常を忘れさせてくれます。映画のストーリー展開に合わせて、泣いたり、笑ったり、はたまたミッキーマウスと一緒に踊ったり。感情を解放することはストレス解消にもなります。

また、私の友人に大の宝塚ファンがいるのですが、彼女を見ていると足しげく公演に通うのもわかる気がします。あのゴージャスで唯一無二の世界観が、現実の悩みとは遠い、うっとりとした美しい場所へ連れて行ってくれるのでしょう。

フィクションの中で理想の主人公になってみる。

そんな時間が、また現実に向かい合うエネルギーをあなたにくれるはずです。

Your Case

あなたの場合

悩んだら、やること

一度、視点を変えてみる

悩みは人それぞれ千差万別で、ひと口にこれをすれば一発解決という薬があるわけではないと思いますが、一度暗いトンネルに入ってしまうと、出口はいったいどこなんだろう？とその場所が果てしなく遠く感じるときもありますよね。

けれど、その出口は必ずあります。

今抱えている悩みは、今このときに通り過ぎるべき課題であり、宿題のようなものです。きっと10代や20代で悩んでいたことには、もう今は悩んでいないはずです。

私は、どこかの本で読んだ「めげている時間は何も生み出さないし、何も変わらない」という言葉が心に残っていて、トンネルに入ったなと感じたら、気持ちを切り替えるために、まずは友人を誘ってご飯を食べながら、悩みを聞いてもらうことが多いです。

気の置けない友人と話しているうちに違う視点に気づいて、自分で解決策が見えてくることもありますし、「まあ、たいしたことないか」と思えたり、笑い話になるようなときもあります。友人に会うまでは濃いと思っていた悩みの濃度が薄まり、心に重く沈殿していたものが、ろ過されていくような感覚になります。こういった友人がどれだけありがたいかは言い尽くせません。

いざというときに悩みを聞いてくれる友人をつくるには、相手が悩んでいるときにはこちらも時間をつくり、親身になって聴くことがやはり大切だと思っています。

キャリアカウンセラーという仕事柄、人からの悩みを聴くことも多いのですが、そういうときに悩みをペットボトルのような形に例えることがあります。ペットボトルは横から見るか、上から見るか、底の部分から見るかで、それぞれ形が違いますよね。このペットボトルのように、見る方向や角度を変えれば、解決策が見えてくることがあります。

例えば、「その上司の立場に立ってみたら、今のあなたに、何とアドバイスする？」と質問してみると視点が変わるので、それまでと違う形が見えてきます。または、「10年後のあなただったら、今のあなたになんて声をかける？」と聞いてみることもあります。そこで前向きな言葉をかけた自分に涙ぐむ方もいらっしゃいます。

こんなことがありました。

仕事で忙しい彼との関係に悩んでいる女性で、「メールの返信は遅い、疲れているのか、休日はデートしていても眠そう、楽しくない」と悩んでいました。そこで私は、「この悩みを、もし友人から相談されたとしたら、何てアドバイスする？」と聞いてみたのです。

そうすると、彼女は「今日もお疲れさまと、労りのメールだけ送って適度な距離を置く。当分は、デートは家で料理をつくるなど、癒してあげることに徹する」と答えたのです。そう、友人の悩みと考えると、客観的なアドバイスができるのです。

このように、**悩みは俯瞰することで解決策が見えてきます。**答えは、実は自分自身が持っています。神様は、乗り越えられない課題は与えないと言いますが、今の悩みはもっと輝くための通過点なのでしょう。

トンネルの向こうには、まだ見たことのない景色が広がっているのだと思います。

Your Case

あなたの場合

自然と溶け合う

壮大なものに包まれる

最近、自然と触れ合ったのはいつですか？

日本では四季のイベントを楽しむことができて幸せだなと思います。

春には桜の下で花見をし、夏には太陽を浴びに海へ繰り出し、秋には紅葉の山へ登り、冬には雪山でスキーやスノーボードを楽しむ。自然に触れ、季節を感じるイベントは、ワクワク感があります。

また、街中に住んでいたとしても、少し足を延ばせば川、森、海といった身近な自然を訪ねることはできると思います。

自然の中にいると、命の尊さを感じるので、生きていることに改めて感謝することができます。人は自分自身も自然の一部なのだと実感できたときに、自分の存在を肯定することができるのではないでしょうか。

私は、以前、屋久島で登山をしたことがあります。

すごく悩んでいた時期に、思い立って、屋久島の空港に降り立ちました。何を悩んでいたのかは、もう忘れてしまったのですが（10年前に悩んでいたことでは、もう今は悩んでいないと思うと勇気が出ます）、濃密な湿気と水蒸気の立ち込める匂いと、素朴ながらに活き活きとした山々の威風堂々とした佇まいに、まずは圧倒されました。

映画「もののけ姫」の舞台ともなったと言われているこの島は、まさに神々の島であるように、そこにいるだけで自分が浄化されていく感覚でした。

精霊が住むと言われる森のなか、山頂を目指して歩いていたときに、私の足元を小さなトカゲが走っていきました。何百年と生きている縄文杉の前を横切っていくそのトカゲの存在は、とても小さく見えました。

「ああ、私の存在なんて、宇宙から見れば、このトカゲのようなもの。トカゲのような小さな頭で、何をくよくよと考えているのだろう」

と、その瞬間に悩んでいることがばかばかしくなったのです。大自然の中にいると、自分がちっぽけに思えますよね。人間は自然の一部なのだということは、つい忘れてしまうことですが、わたしたち自身も自然の大きな摂理の中で生かされている、かけがえのない命です。よく、使命といいますが、せっかくいただいた命を何に使って生きればいいのかをその時は考えさせられました。

くよくよしていても、笑っていても、時間は同じように過ぎていきます。悩んだら、自然の中に身を置いてみる。そうすると、いろんな要らないものがそぎ落とされていくのではないでしょうか。

Your Case
あなたの場合

今を喜ぶ

今、この瞬間を感じる

どんな波もそのまま受ける

忙しい毎日では、なかなか自分と向き合う時間は持てませんよね。

そんなときは、たとえ3分でも目を閉じて、ゆっくりと呼吸に集中するだけでも効果がありますので、ぜひやってみてください。呼吸だけを感じて、努力や頑張り、目的を手放して、ただここにいる今の自分の状態を感じていきます。呼吸は生まれたときから始まり、生きている限りずっと続いているものです。

当たり前のように思いますが、呼吸しているということは、今、生きているということです。

呼吸している今に、感謝します。

少しの時間で、頭の体もスイッチオフにするコツは、「doing」（すること）から「being」（在ること）へとシフトすることだと、ヨガの先生に教わりました。自分と向き合う時間は、ただただ素直になることが大切です。

普段の生活では、やりたくないことをやらなければならないときもありますし、気の合わない人と一緒に仕事をすることもあります。その時々では、素直な気持ちに蓋をしていたりします。自分と向き合う時間には、閉じていたその蓋を、そっと開けてみてください。

どんな気持ちが隠れているでしょうか？

素直な自分の声に耳を傾けてみてください。何と言っていますか？　素直になってみると、「本当はあの人に認められたい」「私ばかりが損をしていると感じている」といった自分では認めたくない嫌な気持ちが隠れていることが見えたりします。こんな気持ちを「よくないこと」と決めつけて蓋をしているから、苦しいのだということにも気づきます。そんなときは、「あー、私はこう思っているんだな」と、素直な気持ちを認めてあげましょう。

それが難しいときは、こんな風に思ってみてはいかがでしょうか？

海に出かけたとします。目の前には大きな海があって、打ち寄せる波を見ています。そんなとき、「あれは、いい波」「これは、悪い波」と決めたりしませんよね。同じように私たちの心にも、毎日、いろんな波が打ち寄せてきます。心という海にも、いい波も悪い波もないのです。いろんな感情があっていいはずです。打ち寄せては消えていく波のように、嫌な気持ちもやがて消えていくでしょう。永遠に続くものは、この世にはないからです。

ただ、大切な人に対して生まれた感情には素直になって、波が消えないうちに勇気を出して伝えましょう。そのときのコツは、「私は寂しかった」「私は悲しかった」と、私を主語にすること。「Iメッセージ」と言われているもので、「あなたは、なぜ助けてくれないの」「あなたは、なぜ携帯ばかりを見ているの」と、「あなた」が主語になると、相手は決めつけられていると感じますが、主語を私にすることで、相手は「ああ、そう感じていたんだな」と、あなたの気持ちを受け取りやすくなります。

素直な、ありのままの自分を認めることから始めましょう。

完璧でない自分にOKを出してあげてくださいね。

Your Case

あなたの場合

ひとりごとを意識する

セルフトークが未来をつくる

日々、できるだけ穏やかでいたいと思っているのですが、私も「嫌だな」とか「つまらないな」など、テンションの上がらない思いに引っ張られるときがあります。

人は、無意識に一日に4万〜6万もの膨大なセルフトークをしていると言われています。セルフトークというのは自己対話、無意識のひとりごとのことです。

あなたは、どんなひとりごとを、日々呟いているでしょうか？　口にしないまでも、いつも頭の中を占めている考え、思いにはどんなものがあるでしょうか？

ここでは、先週のひとりごとを振り返ってみてください。手帳の先週の予定を見ながら思い出してもらうと、どんな感情を持っていたか、どう思ったかが思い出しやすいかもしれません。

職場やプライベートな場面で呟いたひとりごとはどんなものだったでしょうか？「この仕事って面白くない」「私は役に立ってない」というようなネガティブなものだったでしょうか？　それとも、「朝起きて、行く会社があって嬉しい」「私は人に恵まれている」というようなポジティブなものだったでしょうか？

この、無意識でしているひとりごとは、ネガティブなひとりごとを続けていれば、心のなかからやる気を奪ってやがて行動を減速させ、停滞させる原因になるかもしれません。反対に、ポジティブなひとりごとを続けていれば、行動を加速させ、日々の活力になるはずです。

いつもは無意識にしているからこそ、自分が普段どんなひとりごとを呟いていたかを改めて書き出してみて、ちゃんと意識することが大切です。

例えば、私はキッチンでたくさんの洗い物を前にしたときに、「こんなにあるのか」

「面倒だな」

といったネガティブなひとりごとを言ってしまうと、時間もかかりますし、うっかり大事なコップを割ってしまったりします。ですが、

「このくらいラクにできる」

「きれいな食器は気持ちいい」

という、ポジティブなひとりごとに変換してみると、意外と簡単に早く終わるのです。

また、未来のことを考えすぎて、ふと不安になるときが誰しもあると思います。そんなときもセルフトークを使って、

「きっと大丈夫」

「うまくいくわ」

「もっと自信を持って」

「よくやってる」

「夢に近づいているわ」

などと、自分へエールを送ることをおすすめします。

自分のセルフトークを意識して、毎日、ポジティブなひとりごとを呟いていると、ポジティブ癖がついてきます。無意識に呟いているひとりごとを、意識することから始めましょう。言葉次第で行動が変わり、未来は変わっていきます。

Your Case

あなたの場合

いいことを抽出する

「幸せだらけ」にする簡単な方法

若い頃は、「何かいいことないかな～」と、友人と会うたびに、そう話していたような気がします。その頃の私は、日常はつまらないものだと決めつけていて、非日常的な刺激を求めていました。

人が持っているものが羨ましく見え、私には「何もない」のだと思っていました。

しかし、今思えば、実はたくさんのものを持っていました。

それは若さや時間や体力です。今では大金を出してでも手に入れたいような貴重なものばかりです。当時の私は、自分の若さやゆったりと時間があること、たっぷりとした体力があることの価値を感じていませんでした。

人は、「ない」ことに焦点を当てがちですが、「ある」ことに焦点を当てると、不安や焦りがなくなるのではないでしょうか。

日常の×を探すのではなく、〇を探していくのです。

「お金がない」「時間がない」「余裕がない」と、「ない」ことに焦点を当てていると、毎日がつまらなくなっていきます。そうすると、顔つきもだんだんと不満顔になり、「私だけが不幸」「私だけがついていない」と、他者と比べるようになってしまいます。

ですが、「ある」に焦点を当てると、ハッピーになれるのです。

「今日も美味しいパンを食べられる」

「ゆっくり寝る場所がある」

「愚痴を聞いてくれる友人がいる」

こんなふうに小さな幸せの種を見つけると、そこからどんどん好転していきます。

私はなぜか天気運がよく、旅行やちょっとしたお出かけなどのときは、決まって晴れています。ですから、旅行先でトラブルがあったとしても、「こんなに天気がいいんだから、いいこともあるはず」と思えるのです。

どんなに小さなことでもいいので「私は運がいい」「私はついている」ということに焦点を当ててみてください。「そういえば、まわりに嫌な人がいない」「そういえば、お金に困ったことがない」「そういえば、いつもご縁に恵まれている」。何か、きっとあるはずです。「私は運がいい」という思い込みから、すべてがいいように回り出すのです。そうすると、「待たずにバスがすぐに来た」「人気商品がラスト1個で買えた」など、小さな○を見つけることがどんどん上手になっていきます。

「私はくじ運がいい」と思っている人は、ビンゴ大会でも何かが当たりますし、「私は金運がいい」と思っている人は、お金と相思相愛です。

「根拠のない思い込み」でいいのです。

「根拠のない思い込み」も本気でそう思えば、ハッピーを引き寄せます。○や◎をたくさん見つけると、「何だか、私、いい感じ」と、心の鏡がピカピカになっていくのです。

「生まれ変わるなら、生きているうちに。」という長崎駅ビルのキャッチコピーが好きです。
いいことを抽出して、何度でも生まれ変わりましょう。

Your Case
あなたの場合

成功で
次の成功を呼ぶ

普段できないことを味わって

「仕事が成功したときは何をしたいですか？」と聞かれたら、私は「旅に出たい」と答えます。充実感や達成感を味わいながらも、新しい風や空気に触れて、頭も心も体も解放したい。そして、ゆっくりとした時間の中で、また新しい何かに出会うことを本能で求めながら過ごせたら幸せだなと思います。

たとえ旅に出ることができなくても、仕事の成功をお祝いするように、日常とは違う時間を味わいたいですね。知人の女性たちに「そういうとき、何をしたい？」と聞いてみたところ、エステやネイルサロン、美容室などでお姫様気分になれる時間を過ごしたいといった声や、とっておきのレストランで外食をしたり、欲しかったものをご褒美に買いたいという声がありました。

大きな成功でなかったとしても、「やった」と思わず笑みがこぼれ、小さくガッツポーズできるようなときは、思いっきり自分を甘やかせてあげてもいいのではないでしょうか。


ある女性は、仕事で成功したときは、午後から半休をとって、お気に入りのケーキ屋さんで大好きなケーキを大人買いして、家で『プラダを着た悪魔』や『プリティウーマン』『マンマ・ミーア！』などの気分が上がる映画、女性がハッピーになる映画を観ながら、好きなだけケーキを食べて過ごすのだと言っていました。

そういったハッピーな映画を観ていると、「仕事だけでなく、きっとプライベートもうまくいくだろう」と思えてくるのだそうです。実際、こういうご褒美の時間を過ごした後はオセロの黒が白に変わるように、いいことが次のいいことを引き寄せてくるのだと話していました。

確かに、流れがいいときには、次々にいいことが起こりやすくなります。いわゆる「のっている」状態です。こんなときは、少し大胆に次の行動をしてもいいですね。

うまくいっているときは、次の「成功」をイメージすることです。「これで十分」と思わずに、**もっと欲張っていい**のです。

いいときには、たくさんのものを掴みとっていきましょう。

成功したときほど、ご褒美で気分を上げて、強い握力を発揮しましょう。

Your Case
あなたの場合

上質の普段使いをする

気分を上げる小さなご褒美

今日、これができたら～をしよう。そういう小さなご褒美が自分の士気を上げてくれることがありますよね。

「日々のご褒美と言われたら、何を連想する？」と友人たちに聞いたところ、

「コンビニで買うハーゲンダッツ」

「プレミアムビールで乾杯」

「とっておきのシートパック」

「バラの香りの入浴剤」

など、食べ物関係と美容関係に分かれました。やはり女性にとって、食と美は気分が高揚する二大テーマですね。そのほかにも、

「普段使いしない伊万里焼のお皿で夕飯を食べる」

「高級ボールペンを使って仕事をする」など、自分のこだわっているものを、ちょっとランクアップさせて楽しむという女性もいました。どんなに小さなことでも「いつもと違う」と感じることは、なんだか嬉しくなりますね。「とにかく、ひとりの時間がご褒美」と話す、子育て中の友人もいました。

私たちは、「毎日の生活をもっとていねいに、余裕を持って……」と思っていても、とにかく時間に追われているというのが現状ではないでしょうか。

女性の社会進出が当たり前の時代になり、私たちに求められることは、以前に比べて多くなっているように感じます。

いくつになっても綺麗でおしゃれな女性でいることは当たり前、そしてすてきな奥さま、優しいママ、会社ではいい先輩や尊敬できる上司でなければならない。そんな世間の期待に応えなければならないと、無意識に刷り込まれているのかもしれません。

もし、両親にサポートしてもらえたり、家事や育児のプロに好きなだけ任せることができたりすればいいですが、現実には難しいことも多いでしょう。

ならば、助けてくれるものにもっと頼ってもいいのではないでしょうか？


家電ひとつとっても、何を選ぶかでずいぶん違います。

ある女性は、今人気のバルミューダのトースターをボーナスで買って、毎日、パンの好きなお子さんたちと朝、トーストを焼いて食べる時間を持つことで、バタバタしていた朝の時間が優雅になったと話していました。いろんなパン屋さんの食パンを買って、楽しんでいるそうです。このように、デザイン面でもおしゃれなものは、時間をグレードアップさせてくれ、心を潤してくれます。

また別の女性は眠りが浅いことが悩みで、思い切って枕をオーダーしてみたそうです。少し高価だったそうですが、今では深く眠れるようになり、結果的にはコスパのいいご褒美だったということでした。確かに、眠っている時間は人生の3分の1にもなります。深く眠り、すっきり起きられるのならば、人生のクオリティが確実に上がったと言えるでしょう。

こんなふうに、毎日の暮らしの中で、少し上質なものを普段使いすることは、丁寧

に暮らす意識を高めてくれます。

私のお話もすると、真ちゅうのバターナイフを買ってから、朝食の時間が楽しみになりました。また、お気に入りのタンブラーにルイボスティーを入れて、チョコレートと一緒に持ち歩くようになり、休憩時間がさらに楽しみになりました。

ちょっとした日々のご褒美を楽しむことは、明日へ向かう活力にもなります。自分だけのささやかなご褒美を、毎日楽しんでみませんか。

Your Case

あなたの場合

心の栄養をとる

自分だけの
パワースポット

人それぞれある、お気に入りの空気感

あなたのパワースポットはどんな場所ですか？

私の一番のパワースポットは神社です。特に信心深いわけではありませんが、神社の空気感が好きです。午前中は空気が澄んでいて、心が洗われ、浄化されます。砂利を踏みながら神殿に向かって歩いていると、その音を聞いているだけで、何かが一掃されていくような感覚になります。

「ここがパワースポットです」と誰かに指定されなくても、自分がパワフルになれる、元気になれる場所は、それぞれにあるのではないでしょうか？

神社だけでなく、私にとっては皇居周辺や表参道、六本木ヒルズもパワースポットです。皇居周辺は緑も多く、清々しい雰囲気がありますし、表参道

は明治神宮から流れてくるパワーがみなぎっているように感じます。そして、六本木ヒルズは勢いのある企業が集まっているからでしょうか、エネルギーを感じる場所です。この感覚は、個人的な好みや思い込みで十分だと思うのです。

展望台や高層ビルの屋上など、遠くが見渡せる場所や、緑の多い近所の公園や夕陽がきれいに見える坂道など、エネルギーをチャージできる場所は遠くに行かなくても、それぞれの暮らしの近くにあるのではないでしょうか。

自分だけのパワースポットに共通しているのは、きっと「空気感」です。

そこには癒される空気や、元気になる粒子みたいなものが飛んでいるのでしょう。私の場合は、その空気を吸うことで胸の中にあった黒い色のものが吐き出され、金色の空気を新しく吸っているような気分になります。

ですから、住んでいる場所というのは、とても大事だと思っています。

その街の空気感が、日常の自分をつくってくれるからです。

いつも住む場所を決めるときは、その物件の家賃というより、その街の空気感にお金を払っている感覚です。同じクオリティの物件が3つの街にあったとしたら、空気感はそれぞれ違います。ほのぼのとした癒される空気や、雑多で混沌とした中にあるパワーに満ちた空気、自然がたっぷりとある瑞々しい空気。「自分がどうなりたいか」によって選ぶことが大事だと思います。

ですので、私は住みたい街の花屋、本屋、パン屋さんなどを巡ったり、カフェでお茶を飲んだり、雑貨店を覗いたりと、憧れの街を訪れ、その空気感にどっぷり浸ると元気になります。

憧れの街はきっと、あなただけのパワースポットです。

元気がほしいと思った休日には、ぜひチャージに出かけてみてくださいね。

Your Case

あなたの場合

大切な言葉を反芻する

迷ったときは、立ち戻る

あなたの座右の銘は、何ですか？「座右の銘」とは、いつも心にある、自分を鼓舞してくれる言葉でしょうか。

私は、なかなかひとつには決められないのですが、まず挙げるとすると、マザー・テレサの言葉です。人間、プラス思考のときばかりではないですから、偉大な彼女の言葉は、落ち込んだときの自分を救ってくれます。いつも研修やセミナーでは、最後にこれらの言葉をご紹介しています。

「思考に気をつけること。それはいつか言葉になるから。言葉に気をつけること。それはいつか行動になるから。行動に気をつけること。それはいつか習慣になるから。習慣に気をつけること。それはいつか性格になるから。性格に気をつけること。それはいつか運命になるから」

「愛されるために、自分と違ったものになる必要はありません。ありのままで愛されるには、ただ心を開くだけでいいんです」

「説教しても、それだけでは触れ合う場にはなりません。それより、ほうきを持って誰かの家をきれいにしてあげてください。その方がもっと雄弁なのですから」

「笑ってみて。笑いたくなくても笑うのよ。笑顔が人間に必要なの」

「心が楽しむことは、どんな美容法にもまさる効果があります。いま、この時を楽しく過ごしましょう」

「いかに、いい仕事をしたかよりも、どれだけ心をこめたかです」

（もりたまみ著『幸せになる勇気　超訳マザー・テレサ』泰文堂）

これらの言葉は、身近にある小さなことを大切に、ていねいに、毎日を生きていこうと思える言葉です。

人生には予行練習がなく、本番一回きりです。

マザー・テレサの言葉に触れると改めて「私たちは幸せになるために生まれてきたんだ」と教えてくれます。また、ひとりでは幸せになれないことも教えてくれます。

私たちは、たくさんの人に支えられて、生かされているのだと思わされます。自分がいろんな人に支えられている。そのことに改めて気づくには、可視化することが大事です。


最後に、私のセミナーでも取り入れている「繋がりマップ」をご紹介します。

まず、紙の真ん中に丸く円を書き、そこに「私」と書きます。

そして、その回りに、自分と繋がっている人、支えてくれている人、切磋琢磨している仲間、アドバイスをくれる先輩、応援してくれる後輩、お世話になった人、憧れの人などを自由に書き込んでいきます。

無意識に「私」の上に書いた人は、先輩、上司といった自分を引き上げてくれる人達だったり、「私」の下に書いた人は、後輩など、支えてくれる人達だったりと、書く場所からも気づきがあります。横には、切磋琢磨してきた同僚や応援してくれる仲間など、あらゆる方向から支えられていること、繋がっていること、パワーをいただいていることが目で確認することができ、感謝の気持ちが湧いてきます。

マップを書きあげ、それを見ながらひとりひとりの顔を思い出していくと、「もっと大切にしよう」「改めて御礼を言おう」「もっと成長して、お返しできるようになろう」と思うのです。一度、やってみてくださいね。

Your Case

あなたの場合

友人という財産

大人だからこそ遠くも近くもない関係

これまでの人生、友人との数えきれないやりとりに、ずいぶん助けられてきました。

あなたにとっても、友人とのキャッチボールは、なくてはならないものではないでしょうか。

愚痴も、YES／NOも正直に言える信頼関係のある友人とは、しょっちゅう会うことはなく、しばらく会わないことが多いのですが、良い距離感と温度感が、長く保たれていると感じます。

温泉のように熱くもなく、冷たくもない関係です。

ちょっと冷たいかなと思えば温めますし、熱すぎると感じたら冷まします。よく「人との距離感がわからない」と相談されますが、距離感も同じだと私は思っています。

少し離れてみたり、また歩み寄ったりしながら、お互いにとって心地よい距離感を見つけていくのが一番ではないでしょうか。すぐに諦めずに、お互いの心地よい距離と温度がわかるまで何度もやり直してみてください。やはり長く関係を続けている友人というのは、あなたにとって尊敬できる部分があったり、元気やパワーをもらえたり、違う視点を与えてもらえたり、癒してくれたりする存在なのではないでしょうか。

私も大切な友人としょっちゅうは会えなくても、「会わない時間もきっと彼女らしく頑張っているんだろうな」と思えるから、いい刺激になります。もし友人も自分のことをそんなふうに思っていてくれたなら、それは本当に素敵な関係ですよね。

ただ、歳を重ねていくことでお互いのライフスタイルが変わったり、価値観が以前とは変わっていくということは当然起こります。友人は「私のことを何でもわかってくれる」と期待するより、信頼することが大事です。

期待感が大きすぎると、いざ意見が食い違ったときや、期待通りの反応がもらえなかったときに、ひとり寂しくなってしまうからです。

「洋服を一緒に買いに行く友人」「好きなアイドルが同じ友人」「山登りをする友人」そんなふうに、それぞれの分野限定の友人として、いい距離感で付き合っていくこともひとつの方法だと思います。友人関係で大事なことは、相手をコントロールしようとしないこと。尊重すること。こちらが柔軟でいること。大人の女性なら、なおさらそうだと思います。

よき友人は、人生の財産です。

「最近少し息切れしているな」と思うようなら、あなたの大切な彼女に連絡をしてみて、お互いをねぎらい合う時間が持てるといいですね。

Your Case

あなたの場合

広い場所へ出かける

視野が狭くなったら、すぐに

最近、空を見上げたことはありますか？

ある花火師の方は、「多くの人に空を見上げてほしいから、花火を打ち上げる」とおっしゃったそうです。

下を向くと足元しか見えませんが、上を向くといろんなものが見えてきます。

心が狭くなっていると感じるときは、視野も狭くなっているので、そんなときこそより広いところへ、より遠くへ目を向けてみませんか。

空、海、公園。広々とした場所に出かけるだけで、心も広くなっていくのを感じるはずです。目の前に見える空や海には、どこまでも果てしなく続いていく印象があります。公園なら、たっぷりとした緑の中、植物に癒され、パワーをもらうことができます。例えば東京は大都会ですが、想像以上にたくさんの公園があり、たくさんの人がそれぞれの場所を心のオアシスにしているのがわかります。何もしなくていいんです。ただ、日光を浴びて、ぼーっとしてみましょう。それだけで、不思議とハッピーホルモンが充満してきます。

どんなきれいな水でもひとところに放置していると次第に澱んでいきます。人間の体の大半は水でできていると聞いたことがありませんか？　ならば、私たちも同じことなのです。やっぱりどうしてもずっと狭いところ、暗いところ、日の当たらないところにいると、思考までがどんよりと湿気を含んだように重苦しくなってきます。

だから、澱まないように体を動かして、心にも風を通しましょう。風を感じて、大きく深呼吸したくなるようなところへ出かけましょう。

これを体現しているような番組を以前TVで見たことがあります。そこに登場していた秋葉原に住む女性は、休日も狭い家に閉じこもりがちでした。漫画が大好きでインターネットでしか人と繋がっていなかったのですが、番組の企画で3ヶ月間、湘南に住んで仲間と一緒にサーフィンをするということを始めたのです。最初、彼女は居心地が悪そうで、家では相変わらず漫画ばかりを読む日々でした。慣れない環境に随分、戸惑っていることが窺えましたが、それでも太陽と青い空と海という環境の中で、どんどんと彼女の表情が明るく変わっていったのが印象的でした。

自然の中にいても、明日への不安を抱えていたら、目の前の自然のすばらしさを堪能することはできません。いったん心の荷物を置いて五感をひらき、全身で風や光や匂いや音を感じていきましょう。

小さい頃は、海や公園で無我夢中で遊んでいましたよね。あの感覚です。

「考えすぎてるな」「答えは見つからないな」と思ったときこそ、すぐ、広い場所に出かけてみましょう。

Your Case
あなたの場合

好きなら、やってみる

気負わず、身近なところから

「夢は何ですか？」と聞かれたら、どう答えますか？　子どもの頃の夢は、ファッションデザイナー、アイドル歌手、ＣＡさんと、何にでもなれる気がしていましたが、大人になるにつれ「これは無理」と現実を知って最初から諦めることに慣れていったような気がします。

私が起業した頃、「名刺にイラストレーターと書けば、私は今日からイラストレーターだから。でも売れてないけどね」と言って笑っていた知人は、今や売れっ子のイラストレーターです。

そのとき、「なりたいものがあるなら、まずは名乗ってしまう、取りあえずスタートしてしまう」ということが大事なんだなと思ったのです。そして、「小さくてもいいから、自分サイズで始めてみる」「マイナーなところから、軽くスタートしてみる」ことで、夢は現実となっていくのではないでしょうか。

誰もが最初は、「お客さまはひとり」だったのです。

近年は、女性の活躍がめざましく、起業や副業を始める人も多くなりました。

料理好きのある女性は、自宅に友人を招いてマクロビオティックのランチ会を定期的に開いていました。「教えてほしい」という人が増えていき、料理教室を開催したことをきっかけにスクール化し、今やお弟子さんもたくさんいて、ケータリング事業にも参入しています。彼女は全国展開という大きな夢を持っているそうです。

「夢は特にないです」という人も、好きなことの芽を見つけて、それを育てていくように、楽しみながら長く水をあげていくと、花が咲き、実のなる日が来るのではないでしょうか。好きなことは夢に直結しているので、好きなことを続けていると、その延長線上に夢の輪郭がくっきりと見えてきます。

「好きなことを見つけること」は、人生ではとても大切なことです。

人生を豊かにするためには、「好きなことができる環境をつくること」です。

好きなことをしているときは誰しも充実しているので、時間があっという間に過ぎていきます。もし、「夢中になれることがない」「好きなことが見つからない」という人は、まずは、何でもいいので、気になったことをやってみることをおすすめします。

習い事やイベントなどに、どんどん参加してみましょう。もちろん「違ったな」ということもありますが、これに気づくだけでも0・01メートル進んでいます。「意外と楽しめた」ということだってあるので、やってみないとわかりません。最初から、「私にはこれは合わない」と決めつけてしまうと損だと思います。

洋服でも、気になるものがあると、私は必ず試着します。着てみないとわからないからです。歳を重ねると、「私は、こんな人だから」「○○は、やらないと決めてるから」と、自分の枠を外せずに、囚われることが増えていきます。囚われるという漢字を見てください。人が四角の中にいて、いかにも不自由そうです。

もちろん、今までの経験から結論を出しているのですから、すべて否定することはできませんが、やはり少しもったいない気がします。自分の限界を自分で決めて、可能性をつぶしてしまっているかもしれないのですから。着てみたら、意外と似合う洋服もあります。

新しいことに挑戦すると、知らないことばかりの一年生になって新鮮な気持ちになります。若返り効果もあり、驚くほど人は変わります。

夢を持って挑戦する時間は、きっと心の新陳代謝も活性化してくれるはずです。

Your Case
あなたの場合

大切な人へ思いをめぐらす

あなたが仕事を頑張れるのはなぜ？

あなたはどんな時に「大切な人」の顔を思い出すでしょうか？　私は、旅に出る前の空港、満開の桜の下、素晴らしい夕日や美しい月を愛でるとき、自分にとっての大切な人を思い出します。そういうシチュエーションになる度に大切な人を思い出し、そしてその人の幸せを祈っている自分がいます。

健康に恵まれ、夢を叶え、充実していてほしい。そんなふうに思うのです。神社でお参りをするときも、「大切な人が幸せになれますように」と願うと、心がじんわりと温かくなるような気がします。

若い頃はそうではなく、１００％、自分のために頑張ってきたような気がします。今のように「誰かのために」という発想は、あまりありませんでした。それよりも、自分のアイデンティティを見つけることに精いっぱいでした。

転機は、あるとき、仕事で自分の全人格を否定されるような出来事に遭遇したことです。そのときは、仕事が好きな私も、職場へ行くのが嫌になってしまいました。そこへ先輩から、「あなたを待ってくれているお客様がいるのよ」と言われ、その言葉に背中を押されて、仕事に行くことができるようになりました。それは、私をご指名くださり、可愛いお嬢さんと素敵な旦那様と一緒に足繁く店に通ってくださっているお客様でした。いつもご機嫌で温かく、笑顔がチャーミングな奥様でした。

いざそのお客様をお迎えすると、「おしゃれを楽しむ店内で、暗い顔はしていられない」と、自分がここにいる意味を改めて考えることができました。それは、「自分が評価されたい、認められたい」という自分軸と、「誰かのために頑張る」という相手軸との違いがわかるきっかけになった出来事でした。

当初はショックな出来事を思い出しては電車の中でも涙が溢れ、会社に辿り着くのがやっとという状況でしたが、心が自分軸ではない相手軸にシフトしていくにつれ、だんだんと気持ちも落ち着いていきました。

「誰かのために」を原動力に働くことは、「自分が評価されたい」という気持ちの何倍にもなって、自分に返ってくることも実感しました。純粋に「喜んでもらいたい」「役に立ちたい」という気持ちが毎日店頭に立つ私へのパワーをくれました。

両親や応援してくれた人達、そして、支えてくれた仲間に何かできるとしたら、お返しできることがあるとしたら。それは、やっぱり自分が成長していく姿を見てもらうことなのです。自分が輝くことが、大切な人にしてあげられる最高の恩返しです。

もし、日頃の忙しさで大切な人と疎遠になっているのなら、メールや手紙、贈りものや電話などで、大切だと思う気持ちを伝えてみませんか。

Your Case

あなたの場合

一流のものに触れる

「足りない」感覚を卒業できる

私は販売員時代にグッチで働いていたことで、たくさんの心の財産をいただいたと思っています。それは、毎日、一流のものをこの目で見て、この手で触っていられたからです。バッグにほどこされた、一流のステッチや刺繍、上質な革の手触りなど、本物に囲まれた日々は、上質なものの豊かさを感じることができました。

一流のお客様の「もの選び」のお手伝いをする中で、お客様は決して「高いから良い」という理由で選んでいるわけではないことに気づきました。ブランド品を選ぶ理由は、素晴らしい技術のある職人さんが時間をかけて、ひとつひとつ丁寧に作っていることに敬意を払い、そこに価値を見出しているからです。職人さんたちへの尊敬の気持ちがあるからこそ、技術と時間に見合うお金を支払っているのです。

確かに、ひとつのバッグが出来上がるまで、多くの熟練した職人さんたちの手を経ています。ひとつひとつの工程を人の手で丁寧に時間をかけてつくられたものには、こんなにもパワーとオーラがあるのかと改めて驚いた体験です。

そして、お客様はブランドの歴史や背景までも理解し、デザイナーのライフスタイルや生き方に共感し、ブランド自体を応援してくれていました。一流のお客様は、ものの価値をわかっていらっしゃるからこそ、ものを大切にし、慈しみ、メンテナンスをしながら、長年愛用されているのです。

近年は、ものとの関係だけでなく、人間関係や仕事でさえ、早い段階でリセットし、自らゲームオーバーにすることが多いように感じます。特に都会では、人が溢れていて、「自分の代わりはたくさんいるのではないか」と思ってしまいがちです。ものに関しても同じで、何かを簡単に捨てても、問題なく次のものがたくさん用意されているような錯覚に陥ります。ですが、それでは結局いつまでたっても「足りない」

という飢餓感から解放されず、本当の豊かさや満足を感じることができません。

だからこそ、少しのもので豊かさを感じるために、上質で長く使えるもの、修復してでも持ちたいものだけを持つことが大切なのです。


「ミニマムリッチ」とは、「上質なものを少しだけ」という意味です。


多くを持つ必要はありません。

長く愛することのできる、自分にぴったりな「相棒」を見つけ、よい関係を築くことが、仕事も人間関係も豊かにしていきます。その「相棒」は家電でも、インテリアでも、絵でも何でもいいのです。

自分にパワーをくれるものとエネルギー交換していく感覚です。

また、その「相棒」がすぐ見つからないなら、美術館や老舗店、一流ホテルなどを訪れて、上質なもののオーラを浴びに出かけるのもとてもおすすめです。

自分が豊かになれるものを見つけると、人生で本当に必要なことが見えてきます。

Your Case

あなたの場合

人生を育てる

尊敬する人に会いに行く

自分の方向が正しいかわかる

あなたにとって尊敬できる人とは、どんな人ですか？

私には尊敬するふたりの女性がいます。ひとりは女医さんで、プロとしての知識や経験値に全幅の信頼を寄せているだけでなく、人間的にも尊敬しています。いつお会いしても人を包み込むような笑顔で、使う言葉が優しさに満ちているので、話をしているだけで心が洗われます。特に悩みがなくても、話しているだけで心の部屋を掃除してもらったように思えるのです。また、ＹＥＳ／ＮＯをはっきり言ってくれるので、安心して相談できますし、医師としても、女性としても「凛とした生き方」を貫いている素敵な方です。

もうひとりは、女性起業家として成功したビジネスウーマンですが、家事・育児と社長業を両立しながらも、いつも柔らかなたたずまいで、10年以上、常に新しいことに挑戦し続ける姿勢を尊敬しています。私が仕事でご迷惑をかけてしまったことがあって、謝罪に出向いたときのことです。彼女は、ひとことも責めずに笑顔で迎え、そして笑顔で送り出してくれました。そのときの笑顔は本当に心に染みました。トラブルがあったとき、人柄が見えるのだと思いました。

おふたりとも、これまで紆余曲折でいろんなことがあったと思いますが、暗い顔をされているのは見たことがありません。包容力と知性に溢れて、いつも同じテンション、いつも同じ笑顔です。定期的に尊敬する人と会うことは、自分が今どんな状態かも自ずと見えてくる、心の定期健診だと思っています。

また、身近な人でなくても、気になっている人の講演などに出かけるのもいいですね。自分が携わっている業界の第一人者や憧れの人、今、旬の人などの雰囲気や表情を見るだけでいい刺激になります。

実際に講演会などでそういった方のお話を伺うと、その方の人生でターニングポイントになった出来事が必ずあるように思います。それは、あまりよくない出来事だったりするのですが、そんなときにも行動し続けているからこそ、助けてくれるキーマンが現れたり、ジャンプアップできるチャンスへと導かれていることがわかります。めげていいる時間は、何も生み出さないと知っているのでしょう。

これは偉人の伝記などを読んでみても同じで、大発見や大仕事を達成するより前に、必ずブレイクするきっかけになった出来事があります。それを読み解くと、とても感慨深いものがあり、悩みを解決するヒントをもらえます。

強運な人は強運な人に引き寄せられていきますから、幸せになりたいと思ったら、幸せな人の側にいること。成功したいと思ったら、成功している人の側にいることです。尊敬する人には、遠くても、お金と時間とエネルギーを使ってでも、わざわざ会いに行きましょう。遠くから会いに行くと喜んでもらえます。時間とお金とエネルギーを使っても、あまりあるほどのものを受けとることができるはずです。

Your Case
あなたの場合

暮らしに
余白をつくる

目いっぱい詰め込まないこと

食品を詰め込んで目いっぱいになった冷蔵庫は、冷やす温度も下がり、使いたいものも取り出しづらく、何が入っているのかも忘れてしまい、いつのまにか食品の賞味期限が切れていたりします。

あなたにも同じような経験があるのではないでしょうか。

新鮮な食材を、賞味期限内に美味しくいただくには、詰め込まないことが大切だといつも思います。

同じように、目いっぱい詰め込んだ心は、いろんなものを腐らせる原因となります。ぎゅっと固まっていて、人を寄せつけません。これ以上、もう抱えたくないと、すべてを遮断したくなるからです。そんな状態では、心は膠着《こうちゃく》し、疲弊し、濁っていきます。他者を許せなかったり、攻撃したりしたくなるときは、心に余白がないときです。

私自身も心に余白がないなと気づくとき、たいてい、上半身が固まっています。首や肩がどーんと重くて、背中も鉄板のようになっています。

そんなときはまず、上半身を柔らかくしましょう。

肩の力を抜いて、上半身をリラックスさせます。大きく息を吐きながら、首や肩を回して、しなやかに、ほぐすイメージで動かしていきます。

上半身が軽くて、下半身は安定している状態が理想です。エネルギーがおへその下の丹田に集まってくるような感覚です。丹田の温かい、優しいオーラが、しっかりとした土台や軸をつくってくれます。この感覚が持てるときは、心に余白があるなと感じるときです。心と体は繋がっていて、柔らかい心は柔らかな体からつくられるのだなと改めて感じます。

また、日々を過ごす部屋に余白を持たせる——片づけておくということも同じように大事だと思います。私は、知人宅の30畳の広いリビングに招き入れられたとき、どことなく自分の言動がゆったりとしていることに気づきました。彼女に、「部屋をきれいに片づけるコツは何?」と聞いたところ、「自分らしくないものは、すべて捨てること」と話していました。確かに、幸せそうな人に「その人らしくないもの」は似合いません。

心に余白を持てると、ゆったりとまわりを見ることができるようになります。そうすれば、人のよいところも見えてきますし、思いやる気持ちや感謝の気持ちも生まれます。日々、「少しの余白を」と意識することで、いろんなことがよい方向へと導かれていくのではないでしょうか。

Your Case

あなたの場合

しなやかに
生きる儀式

私が再生できる、小さな試み

あなたには、「こういうときはこれをする」と決めている自分だけの儀式はありますか？　わたしは、毎週参加しているヨガのレッスンで教わった、マインドフルネスの儀式を大切にしています。

マインドフルネスという言葉をお聞きになったことがあるのではないでしょうか。これは、未来への不安、過去の失敗の反省などは置いておき、今のあるがままの状態に意識を集中させて、自分の今の体と心の状態を五感を使って内省していく儀式です。

マインドフルネスは、グーグルやフェイスブック、インテル、マッキンゼーといった世界的な企業が取り入れていることで有名になりました。最新の脳科学でも「ストレス軽減」「集中力アップ」「自律神経回復」などの効果が実証されているそうです。

私たちは、日頃、一日に処理すべき情報量が増え、なかなか心休まる時間が持てず、仕事が終わったとしても、頭の中ではあれこれと考えすぎている状態です。

こういう状態では、本当のことが見えなくなったり、ネガティブな気持ちになりがちで、やるべきことに集中できなくなります。マインドフルネスでは、この混乱した状態を、瞑想を使ってすっきりさせるのです。

やり方はいろいろありますが、私が通っているヨガのレッスンではまず姿勢を正して、自分の呼吸に意識を向けます。そして、ボディスキャンといって、「額、こめかみ、眉、目、頬、耳、鼻、口、顎、首、……」と、上から順番に足の裏まで、体の各部位、ひとつひとつのパーツに神経を集中させ、移動していきます。

これを寝る前にやると、とても効果的です。自分の体に感謝しながら、「お疲れさま」という気持ちを込めて「額、こめかみ、眉、……」と、やってみてください。この儀式との出会いは、自分自身のことを大切にする大きなきっかけになりました。

私がマインドフルネスを実践していく中で出会った言葉で、大切にしている言葉があります。それは、「セルフコンパッション＝自分に対しての思いやり」という言葉です。小さい頃、「他者への思いやりの心を持ちましょう」と教えられてきましたが、「自分への思いやり」は、日々忘れてしまっていたかもしれない、ということに気づかせてくれました。

自分への思いやりを忘れずにいれば、他者への思いやりも忘れずにいられます。

私はこのボディスキャンという儀式を毎日に取り入れていますが、ヨガの先生によると、他にもいろいろなやり方があるそうです。5〜10分、ただ頭の中に浮かんだことをひたすら書き出して脳の中を洗浄するやり方、それから、音のない状態で30分〜1時間くらいかけて集中して食事をするやり方もあるそうです。このやり方では、食材の味、触感、色、匂いなどを味わいながら、五感を使ってゆっくり食べると聞きました。もちろん、マインドフルネスだけでなく、その人その人オリジナルの儀式もあります。知り合いの女性は、塩サウナで全身マッサージをすることが儀式だと言っていましたし、また別の女性は毎月1日と15日は朝早く起きて、出勤前に近所の神社へお参りしていると話してくれました。

こういった儀式は自分を再生してくれます。

私は、常日頃から「傷つかない強さより再生するしなやかさが欲しい」と思っています。変化が大きく、混沌とした今の時代。それをうまく泳いでいくためにも、それぞれの「自分だけの儀式」で、再生できるしなやかさを手に入れましょう。

Your Case

あなたの場合

本の世界に旅する

手のひらに収まる、奥深い空間

あなたにとって、本を読む時間はどういう時間ですか？

自分との対話の時間、悩みごとの解決策を探る時間、情報収集の時間……。いろんな人がいると思います。

私にとって、本を読むことは小旅行をすることです。知らない世界を知るきっかけになったり、想像の世界で自由になれたり、実際には会うことができない有名企業の社長さんや、歴史に名を遺す偉人の言葉に触れることができるので、大きな刺激になります。

自分ひとりの経験値は限られていますが、本を読むことで、筆者の長年の知識や経験を共有できるのです。こんなに素晴らしいショートトリップはありません。

旅に出かける素晴らしさは、行く前の自分と、行った後の自分が、少し変化していることです。

私は読書も同じだと感じています。

本を読む前と読んだ後の自分では、確実に何かが変わっているのです。

今でも、書店でぶらぶらと本を探すことが好きです。悩んでいるとき、落ち込んでいるときは、インスピレーションで気になるタイトルを手に取ると、中に悩みを解決するヒントがあったり、励ましてくれる言葉を見つけることができるのです。書店には、人生を変えるきっかけになるチャンスがたくさんあるような気がして、いつ行ってもワクワクします。

「そうだったのか」と、目から鱗の感覚で何度も読み返した本や、思ってもみなかった視点に刺激を受けてこれからの方向性を見出すことができたようなバイブルは、どなたにもあるのではないでしょうか。

本で知ったことを実際にやってみたり、実際に経験したことを本で確信したり、このインプットとアウトプットがバランスよく行われていると、相乗効果でよりぐんと成長できるような気がします。

私の憧れは、好きな本や気になった本をすべて大人買いして、森か海辺のハンモックでビールを飲みながら、一日中、読みふけることです。実際に旅をしなくとも、本の中では時空を超えて、果てしなく遠くまで行くことができるでしょう。

読書は、たった1000円と少しで行ける、刺激的な旅です。

Your Case

あなたの場合

夢が叶ったときを想像する

事細かに、最高の一日を描く

私は一時期、「夢ノート」をつくって、そこに自分の夢や妄想を書き連ねていました。

書くことで「怠けられない」という意識が働くだけでなく、脳にもはっきりと夢を実現する光景がインプットされるのだと強く感じていたからです。

きっかけになったこんな出来事がありました。

キャリアカウンセリングの勉強をしていたとき、「私の最高の一日」を妄想して、ノートに書き出す、というワークに取り組みました。

その「私の最高の一日」で、私は小説家になって、高台の家の書斎から海を眺めていました。窓側の書斎で、キラキラした海を見ながら、執筆している自分がいました。

家の前には、憧れていた一台の車が止まっていて、それに乗って午後からは講演会に登壇する予定があり、クローゼットからお気に入りの服とバッグ、靴を選んでいます。この映像は、今でも鮮明に思い出すことができます。家の壁の模様や車の色、机の上の万年筆、窓から見えた船の行き交う景色まで鮮明に覚えています。


いつか、きっとあんな家に住んで、あの景色を見るのかなと今でも漠然と思っています。なぜなら、今、「書く仕事」を現実にしているのですが、あの頃の私にとっては、それは妄想であり夢だったからです。

実際、昔の「夢ノート」を読み返してみると、ほとんど予言のように、今のことが書かれています。旧友に会うと、「あなたの言っていた通りになったね」と言われます。「夢ノート」による夢の実現を繰り返していると、「人が心の奥底で強く願っていることは願った通りになるんだ」と思うようになりました。

販売員をしていた頃から、「本を出したい」という夢はありましたが、書店に並んでいる本は有名人や先生と言われる方のものばかり。当時の私には、夢のまた夢でした。しかし、そんな折に父が亡くなり、作家になりたかった父のためにも、私が夢を叶えたいと遺影を眺めながら、心の底で強く思ったのです。その当時、書店に出かけては、自分の本が並ぶであろう棚を強い思いでじっと見ていました。「夢ノート」のことを思い出し、「ここに、私の本が並ぶんだ」と、はっきりとイメージしたのです。その書店からの帰り道、恵比寿の駅ビルのエスカレーターで、憧れの作家である林真理子さんとすれ違ったことは今思い出しても鳥肌が立ちます。そのとき、「あぁ、この夢はきっと現実になるということなんだ」とわかりました。

少し、興味を持っていただけたでしょうか？　今となっては私にとって「夢ノート」は「未来日記」のような存在です。しっかりと映像でイメージできたものは、一枚の写真のように脳にインプットされていきます。

脳は、今、描いていることが過去なのか、今なのか、果たして未来なのかは、決められないと聞いたことがあります。確かに、今、目の前に大きな梅干しがあると想像するだけで、酸っぱい唾液が湧いてきますよね。現実に起こっているわけではないのに、想像しただけで、脳も体も反応するのです。それなら、同じように夢のような最高の一日を書き出して、脳に「これは現実のことだ」と勘違いしてもらうのもひとつの方法です。

人は、夢を持ちながらも「たぶん無理だろう」「でも難しいかもしれない」と、心のどこかで思いがちです。顕在意識では、どんなに叶えたいと思っていても、潜在意識が邪魔をするのです。言うならば、アクセルを踏みながら、ブレーキを踏んでいる状態です。この潜在意識まで、一点の曇りもなく夢が叶うとイメージできるまで、「夢ノート」を書き続けて、夢を見続ける心を深く、強く鍛え上げていくことが大事だと思います。

今でも「夢ノート」を見返すと、思わずニヤニヤしてしまうくらい、心からハッピーになります。思わず笑みがこぼれるくらい幸せな私がそこにいるからです。そのハッピーオーラに共鳴して夢は現実となって、あちらから、ある日必ず、どーんとやってきます。あなたが、心の底から「そうなると決めた」ことなら、必ず思った通りになるのです。そのためには、自分が一番に自分のことを認め、応援してあげましょう。私らしさがわかっているのは、私しかいません。

人生は一度きりです。

もっともっと自分を好きになり、心の奥底の部分までも完全に自分を信じ切れる状態になること。それが、夢の実現への近道ですから。

Your Case

あなたの場合

ライフワークを育てる

自分を愛すると未来は開ける

人生100年時代と言われる昨今、「どんな生き方をすれば、歳を重ねても輝き続けられるのだろう」という問いは、キャリアカウンセリングの現場でも多く聞かれます。

人生のピークを、もう一度、60歳を過ぎてからも迎えられるようなキャリアの構築が求められるようになってきました。

「もう若くないな」と感じてからの人生の方が長いのです。そんなとき、一本のドキュメンタリー映画に出会いました。

フジコ・ヘミングという魂のピアニストと呼ばれる女性をご存知でしょうか？

現在、80代でも精力的にワールドツアーでの演奏を行い、世界中から拍手喝采を浴びている女性です。

先日、そんな彼女の映画が公開され、足を運んだ私は、その大盛況ぶりに目を見張りました。

銀座の映画館は平日にも関わらず満席。ほぼ40代以上の女性ばかりでした。

ピアニストとしての才能はもちろんですが、60歳を過ぎてから大きな注目を浴びたこと、80歳を超えてもなお活躍し続ける生き様が、人生の後半戦を生きる女性達を惹きつけるのでしょう。

映画の中で印象的だったのは、自分のスタイルを貫く美意識が詰まった自宅です。パリ、東京、ベルリン、サンタモニカと、どこの自宅も揺るぎない美意識で満たされていました。真摯にピアノに向かう時間、愛する犬や猫たちとの時間は、美しく、優しく流れていて、古きよきものに囲まれた空間で過ごす日常こそ、あの素晴らしい音色を奏でるベースだと感じました。

冒頭、「人生は、時間をかけて私を愛する旅」というキャッチコピーがスクリーンに大きく映し出されます。この言葉は、胸に刺さりました。この本で伝えたかったことのひとつだと感じました。

人生が自分を愛するための旅ならば、自分の好きな景色だけを貪欲に見ていたいと思ったのです。歳を重ねるたびに、自分のすべてを愛して歩いていけるようになりたいと思いました。

フジコ・ヘミング氏は、聴力を失ったり、時代の波に翻弄されたりしながらも宿命を恨むことなく、どんなことがあっても、自分らしくいることをやめなかった生き方が運命を変え、未来をつくったのだと映画を観て思いました。自分のスタイルを持つことは、いつか時代の針が回ってくると信じることです。

そんな姿を見て、私の同年代の何人かの輝く女性の生き方を思い出しました。

定年間近になり、部長職を捨ててヨガインストラクターと野菜ソムリエの資格を取ったある女性は、自宅でヨガと野菜料理の教室を開いています。

きっかけは、ある朝、全く起き上がることができず、ベッドの中で、もうやりきったと感じたことだそうです。スピードとパワーが必須な第一線に限界を感じたと話していました。

「スピードとパワーより、マイペース。世間体を捨てたら、本当にラク。今はプレッシャーとは無縁の生活」だと言って笑っていました。

この生活ができるのも、ヨガや料理といった好きなことを続けていたこと、貯金や資産運用をしていたこと、健康に気をつけていたことでしょう。

若い頃とは、優先順位も変わるのです。

健康、やりがい、お金の3つは定年後に必要だと思いますが、一番は健康であることです。そして、捨てていくものは、世間体や過剰な自尊心です。

50代で輝いている女性は、人間関係もフラットなコミュニケーションを大切にしていて、好きなことを好きな仲間と楽しんでいる印象です。

旅行好きが高じて、海外での体験ツアーを企画・運営している人。

友人の劇団の裏方を手伝っているうちに、小さい頃からの夢だった女優デビューをした人。

手先の器用さを活かして、インターネットでオリジナルアクセサリーを売っている人。

彼女たちはみんな試行錯誤をしながら、長い時間をかけてライフワークを見つけていきました。

ライフワークとは、「死ぬまで続けたいこと」と思っていましたが、あるコーチから、「死んでからもやりたいことよ」と言われて、深いなと思いました。

それくらいの気持ちがあれば途中では止めないし、長く続けているうちに、「教えて」とか「買いたい」という人が増えていって、やがて収入になっていくのだと感じたのです。

誰しも個性があり、好きなことも、得意なことも、人それぞれです。

第一線でなくていい。第五線、第六線あたりでいいから、長く続けられることを楽しみながらやっていくことが大切ではないでしょうか。未来は自分の個性を愛し、自分らしさを全開にして生きることでキラキラと輝くのです。

Your Case

あなたの場合

おわりに

最後までお読みいただき、ありがとうございます。

この本は、地球上がサッカーワールドカップで盛り上がる中、人々の熱気と灼けつくような太陽を感じながら書いていました。連日、気温も報道も熱を帯びていき、流れている空気感も心の温度感もヒートアップしていきました。日本チームの奮闘や監督の決断が話題になり、日本国中に興奮と感動、そして賛否両論が湧き上がったことも記憶に新しいです。

活躍すれば大いに称賛され、失敗すれば掌を返したように叩かれるアップダウンの激しさに驚き、さまざまな熱を帯びた感情が、高気圧とともに日本列島に座っているような感覚でした。敏感な人は、「心を整えて生きていくことがいかに難しい時代なったか」を痛感していたのではないでしょうか。

人の意見に振り回されず、一喜一憂せずにいるためには、「どう思われるか」より

「どうしたいのか」を大切にしたいと、改めて思ったのです。

どんなときも、本当の答えは自分が持っています。

助けや癒しも他者の中ではなく、自分自身の中にあるのです。

自分の好きなもので幸せを感じることのできる日常こそが心を整え、いい方向に導いてくれるのではないかと思っています。人の気持ちに敏感で優しい人たちが、マイナスよりもプラスに光をあてて、しなやかに生きていけますように。

「私のハッピーは、誰がなんと言おうと私が決める」と思ってもらえますように。

心を込めて。

最後になりましたが、この本が生まれるきっかけをつくっていただいた大和書房の油利さまに心よりお礼を申し上げます。そして、この本を世に送り出すためにサポートしていただいた皆様、本当にありがとうございました。

２０１８年　初夏　横田真由子

横田 真由子（よこた まゆこ）

ミニマムリッチ® コンサルタント／オフィスファーレ代表

株式会社ケリングジャパン（旧 GUCCI JAPAN）の販売スタッフとして有名人やVIP客の担当となり、3年で店長に昇格し、顧客獲得数No.1となる。

VIP客のもの選びに女性としての優雅な生き方を学び、独自の「大人エレガンス」を実践する契機となる。2004年、英語の「DO」と同義語のイタリア語「fare」を屋号に、「オフィスファーレ」を設立。

ものをただ使い捨てるのではなく、選んだものを大切に手入れしながら愛し抜く姿勢に真の豊かさを感じ、「上質なものを少しだけ持つ人生」＝「ミニマムリッチ® ライフ」を提唱し、セミナーや執筆活動を行う。

著書に、『本当に必要なものはすべて「小さなバッグ」が教えてくれる』『すてきな靴が一歩ふみ出す自信をくれる』（クロスメディア・パブリッシング）など、近刊に『一流の男はなぜハンカチを2枚持つのか』（朝日新聞出版）がある。

オフシャルサイト　http://minimum-rich.com/

美《うつく》しく生《い》きる人《ひと》は毎日《まいにち》生《う》まれ変《か》わる
自分《じぶん》で自分《じぶん》を修復《しゅうふく》する48の簡単《かんたん》な方法《ほうほう》

2018年9月25日　第1刷発行

著者	横田《よこた》 真由子《まゆこ》
発行社	佐藤 靖
発行所	大和《だいわ》書房
	〒112-0014
	東京都文京区関口1-33-4
	電話　03-3203-4511

ブックデザイン	塚田佳奈（ME&MIRACO）
写真	アマナイメージズ
校正	円水社
本文印刷	信毎書籍印刷
カバー印刷	歩プロセス
製本	小泉製本

ISBN978-4-479-78445-6

http://www.daiwashobo.co.jp/